Carnet d'ENSEIGNEMENT SCIENTIFIQUE

1re Tle

Sous la direction de
Christophe DAUJEAN
Collège Antoine Guichard, Veauche

Bertrand GOUT
Lycée Antoine de Saint-Exupéry, Lyon (69)

Fabrice MASSA
Collège François Truffaut, Rive-de-Gier (42)

Sébastien MICHAUX
Lycée Louis Pasteur, Neuilly-sur-Seine (92)

Mikaël POURCHER
Lycée François Mauriac, Andrézieux-Bouthéon (42)

Christophe ROLAND
Lycée Paul Duez, Cambrai (59)

Claire ROLLET
Collège François Truffaut, Rive-de-Gier (42)

L'équipe du carnet d'enseignement scientifique remercie les auteurs des manuels d'enseignement scientifique 1re et Tle.

Sommaire

Les formules à connaître et savoir utiliser

Partie 1 Les bases de la 2^{de}

Flashcards 6

1. Proportionnalité 8
2. Puissances de 10 10
3. Fonctions et courbes représentatives 12
4. Proportion, évolution, pourcentage 14
5. Manipuler une relation littérale 16
6. Trigonométrie dans le triangle rectangle 18
7. Longueurs, aires et volumes 19
8. Se repérer sur Terre 20
9. Les échelles du vivant 21
10. Cellules et spécialisation 22
11. Le métabolisme : respiration et photosynthèse ... 23
12. Structure et fonction de l'ADN 24
13. La biodiversité 25
14. Les forces évolutives 26
15. Atome, fusion et fission nucléaires 27
16. Transformation chimique et équation de la réaction ... 28
17. Les formes d'énergie 29
18. Les lois de l'électricité 30
19. Les spectres d'émission lumineux 31

Partie 2 Les méthodes

Utiliser les outils numériques

20. Utiliser une calculatrice 34
21. Utiliser un tableur pour représenter des données ... 36
22. Connaître les structures de base en Python 37
23. Utiliser un tableur pour modéliser 38
24. Représenter et modéliser des données en Python ... 40

Communiquer

25. Analyser un document 42
26. Comprendre une consigne 44

Interpréter et réaliser des schémas

27. Déterminer la fréquence d'un signal 45
28. Analyser un spectre et une courbe d'absorption ... 46
29. Réaliser des schémas fonctionnels 48
30. Construire et interpréter un arbre phylogénétique ... 50
31. Décrire une chaîne de conversion énergétique ... 52

Utiliser les outils mathématiques

32. Utiliser une échelle 53
33. Conversions 54
34. Préfixes d'unités 55

Flashcards 56

Partie 3 Les incontournables de 1re et de T^{le}

1re | Une longue histoire de la matière
35	Radioactivité et datation	62
36	La structure des solides cristallins	64
37	Des édifices ordonnés : les cristaux	66
38	Théorie cellulaire et membrane plasmique	68

1re | Le Soleil, notre source d'énergie
39	Le rayonnement solaire	70
40	Le bilan radiatif terrestre	72
41	Une conversion biologique : la photosynthèse	74
42	Bilan thermique du corps humain	76

1re | La Terre, un astre singulier
43	Mesures de la circonférence de la Terre	78
44	L'histoire de l'âge de la Terre	80
45	La Terre dans l'Univers	82

1re | Son et musique, porteurs d'information
46	Le son, un phénomène vibratoire	84
47	La musique : l'art de faire entendre les nombres	86
48	Le son, une information à coder	88
49	Entendre la musique	90
50	Le cerveau et les aires auditives	92

Flashcards 94

T^{le} | Science, climat et société
51	L'atmosphère terrestre et la vie	96
52	La complexité du système climatique	98
53	Le climat du futur	100
54	Énergie, choix de développement et futur climatique	102

T^{le} | Le futur des énergies
55	Deux siècles d'énergie électrique	104
56	Obtenir de l'énergie électrique sans combustion	106
57	Le transport de l'électricité	108
58	Choix énergétiques et impacts sur les sociétés	110

T^{le} | Une histoire du vivant
59	La mesure de la biodiversité	112
60	La biodiversité et son évolution	114
61	L'évolution comme grille de lecture du monde	116
62	L'évolution humaine	118
63	Les modèles démographiques	120
64	L'intelligence artificielle	122

Flashcards 124

© Hatier, Paris 2020 - ISBN : 978-2-401-06323-5

Partie 1 — LES BASES

PROPORTIONNALITÉ

LOIS DE L'ÉLECTRICITÉ

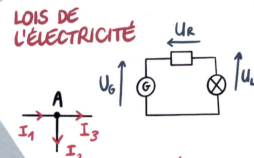

TRIGONOMÉTRIE

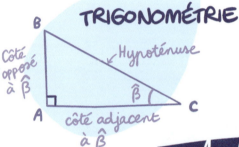

SE REPÉRER SUR TERRE

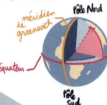

Maths

PUISSANCES NOTATIONS SCIENTIFIQUES

$1\,mm = 10^{-3}\,m$

$150 = 1{,}5 \times 10^2$

CALCUL LITTÉRAL

$U = R \times I$

$I = \dfrac{U}{R}$ $\dfrac{U}{I} = R$

FONCTIONS

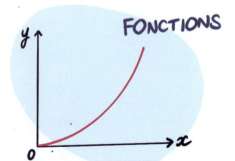

SURFACE ET VOLUME

$V_{boule} = \dfrac{4}{3} \times \pi \times R^3$

DE LA 2^{de}

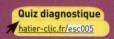
Quiz diagnostique
hatier-clic.fr/esc005

Physique Chimie

SPECTRES DE LUMIÈRE

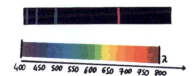

ATOME, FUSION NUCLÉAIRE

FORMES D'ÉNERGIE

TRANSFORMATIONS CHIMIQUES

$E_c = \frac{1}{2} m \times v^2$

SVT

MÉTABOLISME

$C_6H_{12}O_6 + 6O_2 \rightarrow 6CO_2 + 6H_2O$ + énergie

LES ÉCHELLES DU VIVANT

CELLULES ET SPÉCIALISATION

ADN ET MUTATION

BIODIVERSITÉ

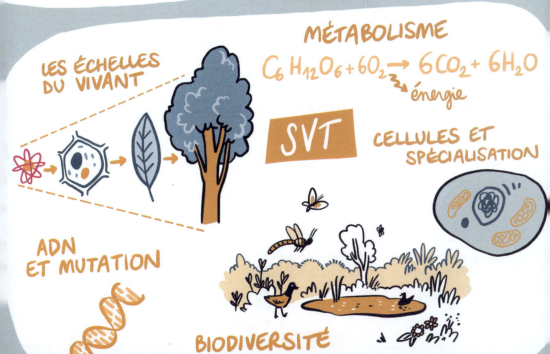

LES BASES DE LA 2ᴅᴇ

▷ U et I sont deux grandeurs proportionnelles.

Grandeur U	u_1	u_2
Grandeur I	i_1	?

Les valeurs u_1, u_2 et i_1 sont non nulles.
Comment trouver la valeur manquante ?

→ Fiche 1

▷ Trouver l'exposant manquant.
$$\frac{10^2 \times (10^{-3})^2}{10^{12}} = 10^?$$

▷ Écrire la distance Terre-Soleil (150 000 000 000 m) en notation scientifique.

→ Fiche 2

▷ Connaissant deux points distincts A $(x_A ; y_A)$ et B $(x_B ; y_B)$ d'une droite $\mathcal{D}$ non parallèle à l'axe des ordonnées :
▷ Comment déterminer la pente m de $\mathcal{D}$?
▷ Comment déterminer son ordonnée à l'origine p ?

→ Fiche 3

▷ Par combien faut-il multiplier une grandeur lorsqu'elle augmente de 20 % ?
▷ Définir le taux d'évolution t d'une grandeur non nulle en fonction de ses valeurs initiale V_i et finale V_f.

→ Fiche 4

▷ Soit le triangle ci-contre :

Exprimer le cosinus, le sinus, puis la tangente de l'angle $\widehat{MNO}$ en fonction des longueurs des côtés du triangle.

→ Fiche 6

▷ Exprimer le volume d'une boule en fonction de son rayon r.
▷ L'équivalence masse énergie se traduit par la formule d'Einstein : $E = m \times c^2$. Exprimer m en fonction de E et c^2.

→ Fiches 5 et 7

▷ Nommer les deux coordonnées angulaires permettant de repérer un point à la surface de la Terre.

→ Fiche 8

▷ Citer et classer du plus grand au plus petit les principales échelles du vivant.
▷ Citer trois constituants communs aux cellules animales et végétales.

→ Fiches 9 et 10

Je réponds à chaque question

Je vérifie aussitôt ma réponse dans la fiche indiquée.

Tant que je n'ai pas 100 % de bonnes réponses, je recommence.

- Décrire la structure générale de l'ADN.
- Qu'est-ce qu'une mutation et quelles peuvent en être les conséquences ?

→ Fiche 12

- Quelles sont les trois échelles de la biodiversité ?
- Citer trois paramètres qui font varier la biodiversité.

→ Fiche 13

- Qu'est-ce que la sélection naturelle ?
- Définir la dérive génétique.

→ Fiche 14

- Quelle(s) particule(s) sont contenues dans le noyau d'un atome ?
- Comment nomme-t-on une transformation nucléaire dans laquelle un noyau lourd est scindé en deux noyaux plus légers ?

→ Fiche 15

- Que doit respecter une équation de réaction pour être ajustée ?
- Écrire l'équation ajustée de la photosynthèse.

→ Fiches 11 et 16

- Quelle forme d'énergie est associée à l'agitation des molécules ou des atomes ?
- Citer deux unités de mesure de l'énergie.

→ Fiche 17

- Énoncer la loi des nœuds.
- Quelle est la relation entre la tension U aux bornes d'une résistance R et l'intensité I du courant qui la traverse ?

→ Fiche 18

- Décrire le spectre d'émission thermique d'un corps chaud et celui d'un gaz excité.

→ Fiche 19

1 Proportionnalité [Maths]

Grandeurs proportionnelles

Deux grandeurs sont proportionnelles **si les valeurs de l'une s'obtiennent toujours en multipliant les valeurs de l'autre par le même nombre**, appelé **coefficient de proportionnalité** k ($k \neq 0$).

$\times k$

Valeurs de la grandeur 1	x_1	x_2	...	$x_1 + x_2$
Valeurs de la grandeur 2	y_1	y_2	...	$y_1 + y_2$

$\div k$

→ À votre tour

Yanis, cycliste régulier, roule en moyenne à 24 km·h^{-1}. Compléter le tableau suivant.

Durée (en h)	2	3,5	5,5	....
Distance parcourue (en km)	....	....	132	66

📎 **Remarque** 0,5 h correspond à 30 min ; 0,25 h à 15 min ; 0,15 h à 9 min, etc.

Quatrième proportionnelle

Valeurs de la grandeur 1	a	c
Valeurs de la grandeur 2	b	?

avec a, b et c non nuls.

L'égalité des **produits en croix** donne $a \times ? = b \times c$ donc $? = \dfrac{b \times c}{a}$.

→ À votre tour

À partir d'une lame de gabbro, Hannah a observé un minéral dont elle souhaite connaître la taille. Elle a complété le tableau suivant.

→ **Fiche 32**

Longueur observée sur le document (en cm)	3	5,8
Longueur réelle (en μm)	200	?

▶ Déterminer la valeur manquante. [Attention à ne pas oublier l'unité !]

Coefficient de proportionnalité

Dans une situation de proportionnalité, l'une des grandeurs s'exprime toujours **en fonction** de l'autre grandeur. Il suffit de connaître une seule valeur non nulle de chaque grandeur pour déterminer le **coefficient de proportionnalité** k.

Valeur non nulle de la grandeur 1	x_1
Valeur non nulle de la grandeur 2	y_1

Le coefficient de proportionnalité est : $k = \dfrac{y_1}{x_1}$

→ À votre tour

D'après la loi d'Ohm, la tension (en V) aux bornes d'un conducteur ohmique est proportionnelle à l'intensité (en A) du courant qui la traverse.

Intensité I (en A)	0,073
Tension U (en V)	3,351

$\times k$

▸ Déterminer le coefficient de proportionnalité entre I et U, c'est-à-dire la valeur de la résistance R du conducteur ohmique.

....

Représentation graphique

Si deux grandeurs peuvent être représentées dans le plan muni d'un repère par des points appartenant à une **droite qui passe par l'origine**, alors ces grandeurs sont proportionnelles, et réciproquement. Le **coefficient de proportionnalité** est la **pente** (ou le **coefficient directeur**) de cette droite.   ⮕ Fiche 3

→ À votre tour

Quel graphique peut être associé à une situation de proportionnalité ?

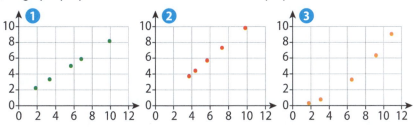

....
....

2 Puissances de 10 [Maths]

Activités interactives

Puissances de 10, notation scientifique, ordres de grandeur

hatier-clic.fr/esc010

De la puissance à l'écriture décimale

- n est un nombre **entier naturel**, ce qui se note $n \in \mathbb{N}$.

$$10^n = \underbrace{10 \times 10 \times \dots \times 10 \times 10}_{n \text{ facteurs}} = 1\,\underbrace{00\dots00}_{n \text{ zéros après le 1}}$$ Par convention, $10^0 = 1$.

$$10^{-n} = \dfrac{1}{\underbrace{10 \times 10 \times \dots \times 10 \times 10}_{n \text{ facteurs}}} = 0,\underbrace{00\dots0}_{n \text{ zéros avant le 1}}1$$

- **Arrondir** un nombre au millier près, à la centaine près, …, à l'unité près, au dixième près, etc. revient à donner le nombre le plus proche à 10^3 près, à 10^2 près, …, à 10^0 près, à 10^{-1} près, etc. de ce nombre.

→ **À votre tour**

1. Ératosthène (IIIe siècle av. J.-C.) a estimé la circonférence de la Terre à 39 375 km. Arrondir cette estimation à 10^3 près.

....

2. Après une étude au microscope, Alexandra conclut que la taille de la cellule observée est égale à $\dfrac{4}{500}$ cm.
Arrondir ce résultat à 10^{-2} près.

....

Calculs avec des puissances de 10

m et p sont des nombres entiers relatifs, ce que l'on note $m \in \mathbb{Z}$, $p \in \mathbb{Z}$.

$$10^m \times 10^p = 10^{m+p} \qquad (10^m)^p = 10^{m \times p} \qquad \dfrac{10^m}{10^p} = 10^{m-p}$$

Exemples : $10^4 \times 10^{-1} = 10^{4+(-1)} = 10^3$; $(10^5)^3 = 10^{5 \times 3} = 10^{15}$;

$$\dfrac{10^{-8}}{10^3} = 10^{-8-3} = 10^{-11}$$

→ **À votre tour**

Trouver l'exposant manquant.   ➡ **Fiche 36**

Le volume V d'un atome de carbone de rayon $7,7 \times 10^{-11}$ m est
$\dfrac{4}{3} \times \pi \times (7,7 \times 10^{-11})^3$ m^3, soit environ $1,912 \times 10^{\dots\dots}$ m^3.

....

La notation scientifique

Tout nombre décimal positif s'écrit sous la forme $a \times 10^p$ où a est un nombre décimal tel que $1 \leqslant a < 10$ et p est un **nombre entier relatif**.

Exemples :

$$0,554 = \frac{5,54}{10} = 5,54 \times 10^{-1} \; ; \; 2\,049,1 = 2,0491 \times 1\,000 = 2,0491 \times 10^3$$

À votre tour

Donner la notation scientifique des valeurs numériques présentes dans les phrases suivantes.

a. La dimension d'un bacille est 0,0014 mm.

....

b. En utilisant une échelle sur une carte, on trouve que la distance séparant deux villes est 637 500 cm.

....

Ordre de grandeur

L'ordre de grandeur d'une valeur physique est **la puissance de 10 la plus proche** de cette valeur.

> **Méthode**
>
> On commence par écrire la valeur en notation scientifique : $a \times 10^p$
> - Si $0 < a < 5$, l'ordre de grandeur est 10^p
> - Si $5 \leqslant a < 10$, l'ordre de grandeur est 10^{p+1}

Exemples :

$10\,312,3 = 1,031\,23 \times 10^4$: comme $1,031\,23 < 5$, l'ordre de grandeur est 10^4.
$518 \times 10^{-9} = 5,18 \times 10^{-7}$: comme $5 \leqslant 5,18 < 10$, l'ordre de grandeur est $10^{-7+1} = 10^{-6}$.

À votre tour

La distance Terre-Soleil est égale à $149,6 \times 10^6$ km et le diamètre d'un leucocyte est 9,3 µm.

▸ Donner l'ordre de grandeur en mètres de chacune de ces valeurs.

....

....

....

....

3 Fonctions et courbes représentatives [Maths]

Deux grandeurs peuvent varier tout en étant en relation. Ce lien peut être, dans certains cas, modélisé par une fonction que l'on représente dans le plan muni d'un repère.

Courbe représentative d'une fonction

La courbe représentative d'une fonction f définie sur un ensemble D_f est, dans le plan muni d'un repère, l'ensemble des points d'abscisse x (se lit sur l'axe horizontal) et d'ordonnée $f(x)$ (se lit sur l'axe vertical) pour x appartenant à D_f. On dit que la courbe représentative de f a pour équation $y = f(x)$.

Exemple : La courbe ci-dessous représente l'évolution de la puissance surfacique P_S du rayonnement solaire en fonction de la distance d au Soleil.

- Cette courbe a pour équation
$$y = \frac{3{,}1 \times 10^{25}}{x^2} \text{ ou encore } P_S = \frac{3{,}1 \times 10^{25}}{d^2}$$

- Par lecture graphique,
  - à une distance de $0{,}5 \times 10^{11}$ m la puissance surfacique vaut 10^4 W·m^{-2} ;
  - la puissance surfacique de 10^3 W·m^{-2} est atteinte à une distance de $1{,}8 \times 10^{11}$ m du Soleil.

À votre tour

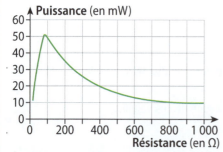

Évolution de la puissance fournie par un capteur photovoltaïque en fonction de la résistance branchée entre ses bornes

Déterminer graphiquement :

a. la puissance délivrée lorsque la résistance vaut 200 Ω.

....

b. les résistances correspondant à une puissance délivrée de 20 mW.

....

Les bases de la 2ᵈᵉ

Droite et fonction affine

Toute droite $\mathcal{D}$ non parallèle à l'axe des ordonnées est la courbe représentative d'une fonction affine. Cette droite admet une équation de la forme $y = mx + p$.

Méthode

1. Choisir A et B deux points distincts de $\mathcal{D}$ et repérer leurs coordonnées $(x_A ; y_A)$ et $(x_B ; y_B)$.

 Remarque

Pour une meilleure précision, choisir des points :
- éloignés l'un de l'autre ;
- pour lesquels la lecture des coordonnées est facile.

2. La pente ou le coefficient directeur m de la droite $\mathcal{D}$ est donnée par :
$$m = \frac{y_B - y_A}{x_B - x_A}$$

3. L'ordonnée à l'origine p de la droite $\mathcal{D}$ est donnée par :
$p = y_B - m x_B$ ou $p = y_A - m x_A$

4. Écrire l'équation de la droite :
$y = mx + p$

Exemple

➔ Fiche 44

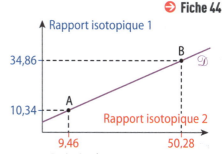

Droite isochrone permettant de dater une météorite

$m = \dfrac{34{,}86 - 10{,}34}{50{,}28 - 9{,}46} = \dfrac{24{,}52}{40{,}82} \approx 0{,}6$

$p = 34{,}86 - m \times 50{,}28 \approx 4{,}7$

$y \approx 0{,}6\, x + 4{,}7$

À votre tour

Déterminer l'équation de la caractéristique $U = f(I)$ de la résistance ci-contre.
En déduire la valeur de R.

....

....

....

 Remarque Si la droite passe par l'origine, alors $p = 0$.

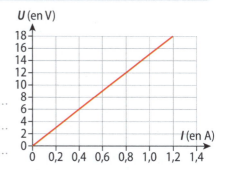

Évolution de la tension en fonction de l'intensité aux bornes d'une résistance

13

4 Proportion, évolution, pourcentage [Maths]

Proportion

- Une proportion ou une part est le rapport entre une partie d'un ensemble de référence et cet ensemble lui-même. Elle s'exprime sous forme d'une fraction, d'un nombre décimal ou d'un pourcentage.

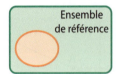

Exemple :
Une éolienne convertit une énergie mécanique de 0,85 MWh en 0,34 MWh d'énergie électrique. La proportion de l'énergie électrique E_e par rapport à l'énergie mécanique E_m, c'est-à-dire le rendement r de l'éolienne, est égale à :

$$r = \frac{E_e}{E_m} = \frac{0,34}{0,85} = \frac{2}{5} = 0,4 \text{ soit } 40\ \%.$$

➡ Fiche 55

→ À votre tour

La puissance surfacique du rayonnement solaire reçue par la Terre est égale à 342 W·m⁻² et celle diffusée vers l'espace est égale à 103 W·m⁻².
▸ Calculer la proportion de la puissance surfacique diffusée vers l'espace par rapport à la puissance surfacique reçue par la Terre.   ➡ Fiche 40

....

- **Calculer la proportion p d'une grandeur revient à la multiplier par p.**

$p \times \Box = \bigcirc$

Exemple : Sur 150 chatons, 18 % sont touchés par le coryza. Le nombre de chatons touchés par le coryza est égal à :
$$\frac{18}{100} \times 150 = 0,18 \times 150 = 27 \text{ chatons}.$$

→ À votre tour

Les pertes par effet Joule lors de la distribution de l'énergie électrique dans les câbles du réseau sont estimées en moyenne à 6 % de la puissance distribuée.
▸ Calculer ces pertes pour une puissance distribuée de 900 kW.   ➡ Fiche 57

....

Augmentation ou diminution

- **Augmenter** une grandeur de p % revient à multiplier sa valeur par $1 + \dfrac{p}{100}$.
- **Diminuer** une grandeur de p % revient à multiplier sa valeur par $1 - \dfrac{p}{100}$.

Exemple :
Une sportive doit augmenter de 15 % son apport énergétique journalier, actuellement de 9 200 kJ. Son nouvel apport doit désormais être :
$9200 \times \left(1 + \dfrac{15}{100}\right) = 9200 \times 1{,}15 = 10\ 580$ kJ.

 Remarque Augmenter de 15 % revient à multiplier par 1,15.

→ À votre tour

L'apport énergétique journalier d'un sportif de haut niveau est de 10 570 kJ. À la suite d'une immobilisation pour soigner une blessure, on lui recommande de diminuer cet apport de 30 %.
▶ Calculer la valeur de l'apport énergétique préconisé.

....

 Remarque Diminuer de 30 % revient à multiplier par 0,7.

Taux de variation

Si une grandeur passe d'une valeur initiale positive V_i à une valeur finale positive V_f, alors le **taux de variation t** est donné par : $t = \dfrac{V_f - V_i}{V_i}$

t peut s'écrire sous forme fractionnaire, décimale ou s'exprimer en pourcentage.

Exemple :

Année	Population mondiale
2005	6 542 millions d'habitants
2015	7 383 millions d'habitants

$t = \dfrac{7\ 383 - 6\ 542}{6\ 542} = \dfrac{841}{6\ 542} \approx 0{,}1286$

La population mondiale a ainsi augmenté d'environ 12,86 % et a donc été multipliée par 1,1286 entre 2005 et 2015.

→ À votre tour

Au 1er janvier 2015, la population française comptait 64 millions d'habitants contre 61 millions au 1er janvier 2005. Déterminer une valeur approchée du taux de variation exprimée en % du nombre d'habitants entre 2005 et 2015.

....

5 | Manipuler une relation littérale [Maths]

Une **relation littérale** est une expression comportant des nombres et des lettres représentant des grandeurs. On utilise une relation littérale pour exprimer une **formule** ou pour énoncer une **propriété**.
Dans cette fiche, a, b et c sont des nombres réels non nuls.

Tuto maths
hatier-clic.fr/esc016

Relation littérale de la forme $a = b \times c$

Méthode $a = b \times c$	**Exemple** $P = U \times I$
1. On connaît b et c. On cherche a. **2.** On remplace et on calcule a.	**1.** On connaît : $U = 230$ V et $I = 7$ A. On cherche P. **2.** $P = 230 \times 7 = 1\,610$ W.
1. On connaît a et c. On cherche b. **2.** On divise chaque membre par c : $\dfrac{a}{c} = \dfrac{b \times c}{c}$ **3.** On simplifie : $\dfrac{a}{c} = \dfrac{b \times \cancel{c}}{\cancel{c}}$ et on calcule b. $\boxed{\text{Donc } b = \dfrac{a}{c}}$	**1.** On connaît : $P = 1\,610$ W et $I = 7$ A. On cherche U. **2.** $1610 = U \times 7$ $\dfrac{1610}{7} = \dfrac{U \times 7}{7}$ **3.** $\dfrac{1610}{7} = \dfrac{U \times \cancel{7}}{\cancel{7}}$ donc $U = \dfrac{1610}{7} = 230$ V. $U = \dfrac{P}{I}$
1. On connaît a et b. On cherche c. **2.** On divise chaque membre par b. $\dfrac{a}{b} = \dfrac{b \times c}{b}$ **3.** On simplifie $\dfrac{a}{b} = \dfrac{\cancel{b} \times c}{\cancel{b}}$ et on calcule c. $\boxed{\text{Donc } c = \dfrac{a}{b}}$	**1.** On connaît : $U = 230$ V et $P = 1\,610$ W. On cherche I. **2.** $1610 = 230 \times I$ $\dfrac{1610}{230} = \dfrac{230 \times I}{230}$ **3.** $\dfrac{1610}{230} = \dfrac{\cancel{230} \times I}{\cancel{230}}$ donc $I = \dfrac{1610}{230} = 7$ A. $I = \dfrac{P}{U}$

Les bases de la 2^{de}

Relation littérale de la forme $a = \dfrac{b}{c}$

Méthode $a = \dfrac{b}{c}$

1. On connaît b et c.
On cherche a.

2. On remplace et on calcule a.

Exemple $\rho = \dfrac{m}{V}$

1. On connaît : $m = 16{,}2$ g et $V = 6$ cm³.
On cherche ρ.

2. $\rho = \dfrac{16{,}2}{6} = 2{,}7$ g·cm⁻³.

---

1. On connaît a et c.
On cherche b.

2. On multiplie chaque membre par c :
$a \times c = \dfrac{b \times c}{c}$

3. On simplifie : $a \times c = \dfrac{b \times \cancel{c}}{\cancel{c}}$
et on calcule b.

$\boxed{\text{Donc } b = a \times c}$

1. On connaît : $\rho = 2{,}7$ g·cm⁻³ et $V = 6$ cm³.
On cherche m.

2. $2{,}7 = \dfrac{m}{6}$
$2{,}7 \times 6 = \dfrac{m}{6} \times 6$

3. $2{,}7 \times 6 = \dfrac{m}{\cancel{6}} \times \cancel{6}$
donc $m = 2{,}7 \times 6 = 16{,}2$ g.

$$m = \rho \times V$$

---

1. On connaît a et b.
On cherche c.

2. On multiplie chaque membre par c
et on simplifie :

$a \times c = \dfrac{b \times \cancel{c}}{\cancel{c}}$ et $a \times c = b$

3. On divise chaque membre par a et on simplifie :
$\dfrac{a \times c}{a} = \dfrac{b}{a}$ et $\dfrac{\cancel{a} \times c}{\cancel{a}} = \dfrac{b}{a}$

4. On calcule c.

$\boxed{\text{Donc } c = \dfrac{b}{a}}$

1. On connaît : $\rho = 2{,}7$ g·cm⁻³
et $m = 16{,}2$ g.
On cherche V.

2. $2{,}7 = \dfrac{16{,}2}{V}$
$2{,}7 \times V = \dfrac{16{,}2 \times \cancel{V}}{\cancel{V}}$ et $2{,}7 \times V = 16{,}2$

3. $\dfrac{2{,}7 \times V}{2{,}7} = \dfrac{16{,}2}{2{,}7}$ et $\dfrac{\cancel{2{,}7} \times V}{\cancel{2{,}7}} = \dfrac{16{,}2}{2{,}7}$

4. $V = \dfrac{16{,}2}{2{,}7} = 6$ cm³

$$V = \dfrac{m}{\rho}$$

6 Trigonométrie dans le triangle rectangle (Maths)

Méthode

1. Le **théorème de Pythagore** permet de calculer une longueur dans un triangle rectangle.

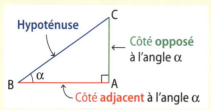

Si ABC est rectangle en A, alors
$AB^2 + AC^2 = BC^2$.

2. Les **relations de trigonométrie** permettent de calculer des longueurs et/ou de déterminer des angles.

$$\cos(\alpha) = \frac{\text{côté adjacent}}{\text{hypoténuse}} = \frac{AB}{BC}$$

$$\sin(\alpha) = \frac{\text{côté opposé}}{\text{hypoténuse}} = \frac{AC}{BC}$$

$$\tan(\alpha) = \frac{\text{côté opposé}}{\text{côté adjacent}} = \frac{AC}{AB}$$

 Remarque La calculatrice doit être paramétrée en mode degré.

Exemple

Calculons AB puis les angles $\widehat{B}$ et $\widehat{C}$.

1. Le triangle ABC est rectangle en A.

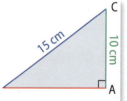

D'après le théorème de Pythagore, on a : $AB^2 + AC^2 = BC^2$.

On en déduit que :
$AB^2 = BC^2 - AC^2 = 15^2 - 10^2 = 125$.

D'où $AB = \sqrt{125} = 5\sqrt{5} \approx 11,2$ cm.

2. $\cos(\widehat{B}) = \dfrac{AB}{BC} = \dfrac{5\sqrt{5}}{15} = \dfrac{\sqrt{5}}{3}$

La calculatrice donne : $\widehat{B} \approx 42°$.

Par conséquent :
$\widehat{C} = 180 - \widehat{A} - \widehat{B}$
$\approx 180 - 90 - 42$
$= 48°$

À retenir !
La somme des angles dans un triangle est égale à 180 degrés.

À votre tour

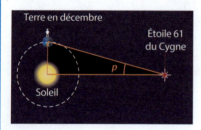

Sachant que la distance entre la Terre (T) et le Soleil (S) est égale à $1,5 \times 10^8$ km et que celle entre le Soleil (S) et l'étoile 61 du Cygne (C) est égale à 1×10^{14} km, déterminer la parallaxe p en degrés.

....

....

7 Longueurs, aires et volumes [Maths]

Les bases de la 2de

• Figures planes

(cercle de rayon r)	Longueur du cercle de rayon r $P = 2\pi r$	Aire du disque de rayon r $A = \pi r^2$
(carré d'arête a)	Périmètre du carré d'arête a $P = 4a$	Aire du carré d'arête a $A = a^2$

• Solides

(sphère)	Aire de la surface de la sphère $S = 4\pi r^2$	Volume de la boule $V = \dfrac{4}{3}\pi r^3$
(cube d'arête a)	Aire de la surface latérale du cube d'arête a $S = 6a^2$	Volume du cube d'arête a $V = a^3$

→ À votre tour

1. Un atome de cuivre est assimilé à une boule de rayon $r = 1{,}28 \times 10^{-10}$ m. Calculer son volume. → **Fiche 36**

....
....

2. Le rayonnement solaire se propage dans toutes les directions de l'espace avant d'atteindre la Terre. Déterminer la surface de la sphère de rayon d_{TS}. → **Fiche 40**

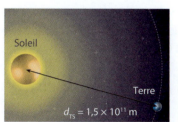

Soleil — Terre — $d_{TS} = 1{,}5 \times 10^{11}$ m

....
....

19

8 Se repérer sur Terre [Maths] [PC]

Coordonnées géographiques

À la surface de la Terre, un point est repéré par ses coordonnées géographiques : **latitude** et **longitude**, qui **s'expriment en degrés**.

On indique entre parenthèses la valeur angulaire de la latitude, repérée vers le nord (N) ou le sud (S) par rapport à l'équateur, puis la valeur angulaire de la longitude, repérée vers l'est (E) ou l'ouest (O) par rapport au méridien de Greenwich.

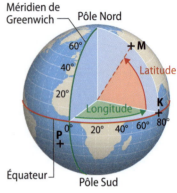

Exemple : M (60° N ; 80° E).

→ **À votre tour**
Indiquer les coordonnées du point P.

....

Distance entre deux points

Le chemin le plus court entre deux points sur Terre est l'arc de cercle qui les sépare.

La longueur ℓ d'un arc de cercle est **proportionnelle** à la mesure de l'angle au centre α qui l'intercepte.

On la détermine en utilisant la proportionnalité. ➡ Fiches 1 et 7

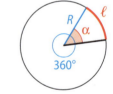

✎ **Remarque** La longueur d'un cercle de rayon R est $2 \times \pi \times R$.

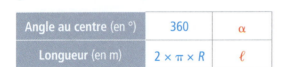

$$\ell = \frac{\alpha \times 2 \times \pi \times R}{360} = \frac{\alpha \times \pi \times R}{180}$$

Angle au centre (en °)	360	α
Longueur (en m)	$2 \times \pi \times R$	ℓ

→ **À votre tour**
Calculer la distance MK, sachant que la circonférence de la Terre est d'environ 40 000 km.

....
....
....

9 Les échelles du vivant SVT

Les bases de la 2de

Selon la taille de ce que l'on observe, on utilise des **outils** différents.

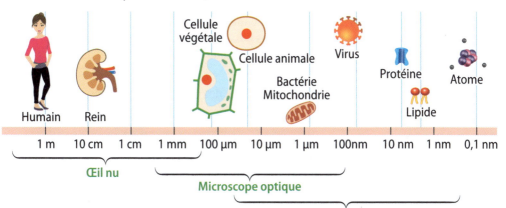

- Un **organisme** pluricellulaire de grande taille est constitué d'appareils ou systèmes.
- Un **appareil** est formé d'un ensemble d'**organes** assurant une fonction donnée.
- Les organes sont composés de **tissus**, formés d'un ensemble de **cellules** spécialisées.
- Les cellules sont composées de **molécules** (ADN, lipides, enzymes, etc.).

→ **À votre tour**

Utiliser les mots en bleu ci-dessus pour compléter le schéma.

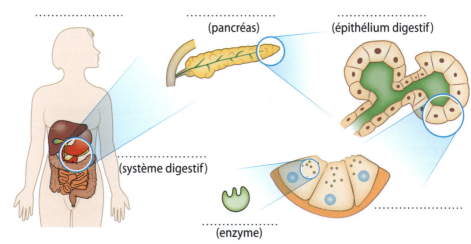

Schéma des différentes échelles d'étude d'un organisme pluricellulaire

21

10 Cellules et spécialisation [SVT]

Structure des cellules

- Toutes les cellules sont délimitées par une **membrane plasmique**. Dans leur **cytoplasme**, seules les cellules eucaryotes possèdent des organites, par exemple le **noyau** (contenant l'ADN), les chloroplastes (siège de la photosynthèse) ou les **mitochondries** (siège de la respiration).

- La **matrice extracellulaire** assure la cohésion des cellules entres elles : elles forment un tissu.

→ **À votre tour**

Utiliser les mots en bleu pour compléter les schémas.

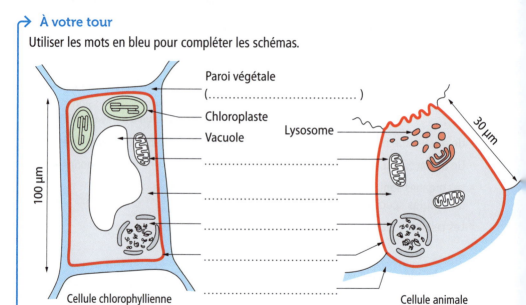

De la cellule-œuf aux cellules différenciées

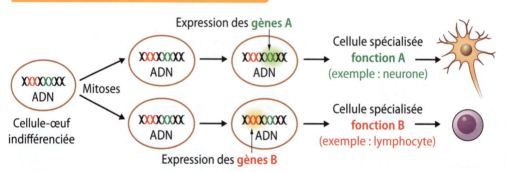

Schéma de la spécialisation des cellules

22

11 Le métabolisme : respiration et photosynthèse SVT

- La photosynthèse et la respiration correspondent à de nombreuses transformations biochimiques formant une **voie métabolique**. Elles sont accélérées par des enzymes (protéines spécifiques).

- Pour assurer ses besoins en matière et en énergie, une cellule réalise des **échanges** avec son milieu.

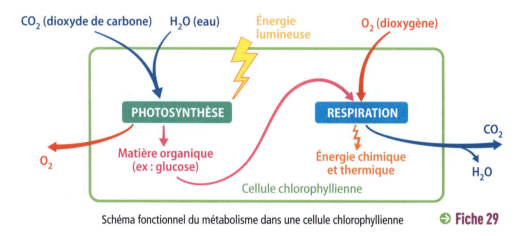

Schéma fonctionnel du métabolisme dans une cellule chlorophyllienne ➔ Fiche 29

Remarque La photosynthèse produit de nombreuses molécules organiques dont le glucose ($C_6H_{12}O_6$), source d'énergie chimique pour la cellule.

- **Attention** : la photosynthèse n'a lieu que lorsque l'énergie lumineuse est disponible. En revanche, la respiration se déroule en permanence. La photosynthèse produit plus d'O_2 que la respiration n'en consomme. Sans l'O_2 et la matière organique produits par les végétaux, les cellules animales hétérotrophes ne pourraient pas assurer la respiration.

➔ À votre tour

Le bilan simplifié de la photosynthèse en présence d'énergie lumineuse s'écrit :

dioxyde de carbone + eau → dioxygène + glucose

▶ Écrire et ajuster l'équation de réaction correspondante. ➔ Fiche 16

....

23

12 Structure et fonction de l'ADN

Structure de l'ADN en double hélice

L'ADN (acide désoxyribonucléique) est la molécule qui constitue les **chromosomes**. Elle a la même structure chez tous les êtres vivants : elle est **universelle**.

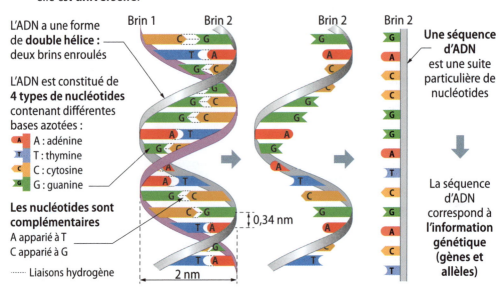

L'ADN contient l'information génétique

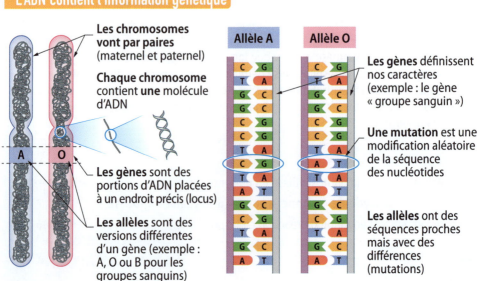

13 La biodiversité SVT

Les bases de la 2de

La biodiversité à différentes échelles

La biodiversité correspond à la **diversité du monde vivant**.
Elle s'observe à trois échelles :
– les **écosystèmes** : le biotope (milieu de vie) et la biocénose (êtres vivants) ;
– les **espèces** ;
– les **individus** (diversité génétique).

1. Diversité des écosystèmes
- Lac
- Forêt
- Prairie
- Océan
- etc.

2. Diversité des espèces (1,5 million d'espèces connues)
- Tigre
- Lion
- Guépard
- etc.

3. Diversité génétique (individus différents)
- Gènes
- Allèles
- ADN

La biodiversité, résultat et étape de l'évolution

La biodiversité varie en permanence à cause du **climat**, de **catastrophes naturelles** mais aussi de **l'action de l'humain**. Les **crises biologiques**, par exemple la crise Crétacé-Paléogène il y a 65 millions d'années, correspondent à une disparition brutale de nombreuses espèces.

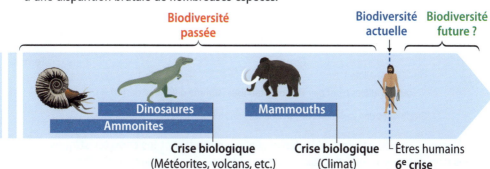

Frise simplifiée de l'évolution de la biodiversité

25

14 Les forces évolutives [SVT]

- **Les mutations** sont des modifications **aléatoires** de l'ADN générant parfois de nouveaux **allèles** (et de nouveaux **caractères**).

- La **sélection naturelle** a tendance à supprimer les individus portant des **allèles défavorables**. Ainsi, la fréquence des allèles défavorables diminue de génération en génération.

À l'inverse, la fréquence des allèles favorables augmente dans la population (**meilleure(s) survie** et/ou **reproduction**).

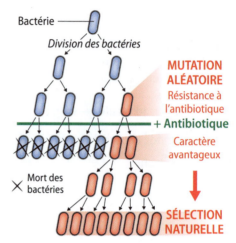

Schéma d'un exemple de sélection naturelle d'une mutation

- La **dérive génétique** correspond aux **variations aléatoires des fréquences** des allèles au cours du temps au sein d'une population ou d'une espèce. Plus la taille de la population est faible, plus la dérive génétique est importante.

Remarque La dérive génétique est une conséquence du hasard de la reproduction.

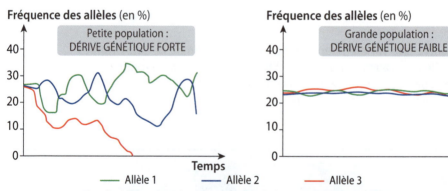

Tous les allèles n'ont pas été comptabilisés (somme différente de 100 %)

Graphiques des variations des fréquences des allèles dans deux populations

- Ainsi, la sélection naturelle et la dérive génétique **modifient les caractéristiques des populations,** ce qui contribue à la disparition ou à l'apparition d'espèces.

15 Atome, fusion et fission nucléaires

Les bases de la 2^de

Un atome est constitué d'**électrons**, chargés négativement, en mouvement dans le vide autour d'un **noyau central** contenant des **protons**, chargés positivement, et des **neutrons**, sans charge.

Notation symbolique du noyau d'un atome

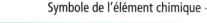

A : nombre de masse
A est le nombre de nucléons.
A = nombre de protons + nombre de neutrons

Z : numéro atomique
Z est le nombre de protons.

Différencier fusion et fission nucléaire

Fusion nucléaire
Deux noyaux légers s'unissent pour former un noyau plus lourd.
Il y a parfois émission d'une particule : proton, neutron ou électron.

Exemple :

Noyau de carbone   Noyau d'hélium   Noyau d'oxygène

$^{12}_{6}C + ^{4}_{2}He \longrightarrow ^{16}_{8}O$

Fission nucléaire
Un noyau lourd est scindé en noyaux plus légers, parfois sous l'impact d'un neutron. Il peut y avoir émission d'une particule.

Exemple :

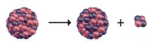

Noyau de polonium   Noyau de plomb   Noyau d'hélium

$^{218}_{84}Po \longrightarrow ^{214}_{82}Pb + ^{4}_{2}He$

 Remarque Dans ces deux exemples, il y a conservation du nombre de protons et du nombre de nucléons.

À votre tour

Entourer l'équation qui correspond à une fission nucléaire.

a. $^{1}_{0}n + ^{235}_{92}U \longrightarrow ^{94}_{38}Sr + ^{139}_{54}Xe + 3\ ^{1}_{0}n$ **b.** $^{4}_{2}He + ^{4}_{2}He \longrightarrow ^{8}_{4}Be$

27

16 Transformation chimique et équation de la réaction [PC]

- Au cours d'une transformation chimique, des corps purs appelés **réactifs sont consommés** (leur quantité diminue) et de nouveaux corps purs appelés **produits apparaissent** (leur quantité augmente).

- L'équation de la réaction modélise la transformation chimique. Elle doit être **ajustée** pour respecter la **conservation des éléments chimiques et des charges électriques**.

Méthode	Exemple	
1. Compter les éléments présents dans les réactifs et les produits.	$C_6H_{12}O_6 + O_2 \longrightarrow$ C : 6 H : 12 O : 6 + 2 = 8	$CO_2 + H_2O$ C : 1 H : 2 O : 2 + 1 = 3
2. Ajouter des **nombres stœchiométriques** devant les formules des molécules **pour ajuster** d'abord **le nombre** des éléments présents dans un seul réactif et un seul produit (ici C et H).	$C_6H_{12}O_6 + O_2 \longrightarrow$ C : 6 H : 12 O : 6 + 2 = 8	$6\ CO_2 + 6\ H_2O$ C : 6 × 1 = 6 H : 6 × 2 = 12 O : 6 × 2 + 6 × 1 = 18
3. Ajuster ensuite le nombre des éléments présents dans plusieurs réactifs et/ou plusieurs produits (ici O).	$C_6H_{12}O_6 + 6\ O_2 \longrightarrow$ C : 6 H : 12 O : 6 + 6 × 2 = 18	$6\ CO_2 + 6\ H_2O$ C : 6 H : 12 O : 18

 Remarque Vérifier si besoin la conservation des charges une fois l'équation ajustée.

→ **À votre tour**

Ajuster les équations de réaction suivantes.

a. ...... Fe + ... O_2 → ...... Fe_2O_3 **b.** ...... $I^- + $ ...... $S_2O_8^{2-}$ → ...... $I_2 + $ ...... SO_4^{2-}

17 Les formes d'énergie [PC]

Les bases de la 2^{de}

L'énergie est une grandeur qui s'exprime en **joules (J)** dans le système international (S.I.). Elle est **convertie** d'une forme en une autre et se **conserve**.   → Fiche 31

Remarque Il existe d'autres unités usuelles comme le watt-heure (Wh), la calorie (cal), ou encore la tonne équivalent pétrole (tep).   → Fiche 54
1 tep = 42 GJ soit $4{,}2 \times 10^{10}$ J. 1 kWh = 1 000 Wh = 3,6 MJ soit $3{,}6 \times 10^{6}$ J.

Énergie lumineuse

Émise par les sources de lumière.

Énergie électrique

Fournie par les piles, les générateurs, les centrales électriques, etc.

Énergie thermique

Due à l'agitation des molécules ou des atomes.

Énergie nucléaire

Libérée par la fission ou la fusion des noyaux d'atomes.

Énergie chimique
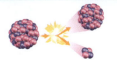
Stockée dans la matière et libérée lors des transformations chimiques.

Énergie potentielle de position

Liée à l'altitude d'un objet.

DEUX FORMES D'ÉNERGIE MÉCANIQUE

Énergie cinétique

Liée au mouvement d'un objet.

→ **À votre tour**

Pourquoi les expressions « production de l'énergie » ou encore « perte d'énergie » sont-elles des abus de langage ?

....

....

29

18 Les lois de l'électricité [PC]

Un **schéma** électrique est une **représentation codée** d'un circuit utilisant les **symboles normalisés** des dipôles.

On y repère les **nœuds** (ici B et E) et les **mailles** (ici ABEF, BCDE et ACDF).

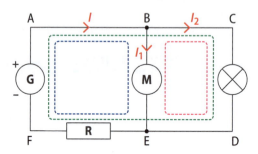

Loi des nœuds

La somme des intensités des courants qui arrivent à un nœud est égale à la somme des intensités des courants qui en repartent.

$$I = I_1 + I_2$$

Loi des mailles

Dans une maille orientée, la somme des tensions est nulle.

L'orientation de la maille, c'est-à-dire le sens de parcours, est arbitraire.

Remarque On affecte un signe « + » à une tension si la flèche qui la représente est dans le sens de parcours, un signe « – » dans le cas contraire.

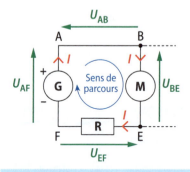

$$U_{AF} - U_{AB} - U_{BE} - U_{EF} = 0$$

Loi d'Ohm

La **tension** U aux bornes d'une **résistance** R est proportionnelle à l'**intensité** I du courant qui la traverse.

en V ⋯⋯ $U = R \times I$ ⋯⋯ en A

en Ω

19 Les spectres d'émission lumineux

- Un **spectre d'émission** est obtenu par **décomposition d'une lumière** à travers un système dispersif (spectroscope, prisme). Il permet d'**analyser** cette lumière en observant les rayonnements qui la composent.
- Chaque **rayonnement monochromatique** est caractérisé par sa **longueur d'onde** λ (lambda) qui s'exprime en mètres (m) dans le système international (S.I.). Le nanomètre (nm) est fréquemment utilisé (1 nm = 10^{-9} m).

 Les rayonnements visibles ont des longueurs d'onde comprises entre 400 nm (violet) et 800 nm (rouge).

Spectre continu

Un corps chaud émet une lumière dont le spectre est continu.

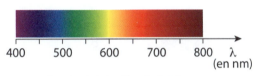

Spectre de la lumière du Soleil

Spectre de raies d'émission

Un gaz excité (porté à haute température ou traversé par une décharge électrique) émet une lumière dont le spectre est discontinu. L'**ensemble des raies** de ce spectre **caractérise le gaz**.

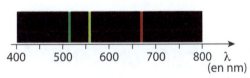

Spectre d'un gaz excité

→ À votre tour

À l'aide du tableau ci-dessous, identifier le gaz correspondant au spectre de raies ci-dessus.

Éléments chimiques	Hydrogène	Aluminium
Longueurs d'onde des raies (en nm)	410 ; 434 ; 486 ; 656	510 ; 555 ; 670

....

Partie 2 — LES MÉTHODES

UTILISER UN TABLEUR...

... pour représenter

... pour modéliser

COMPRENDRE UN PROGRAMME PYTHON

```
def aire(r)
a=math.pi*r**2
return a
```

RÉALISER UN SCHÉMA FONCTIONNEL

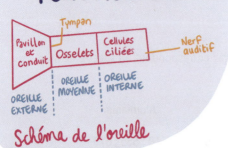

Schéma de l'oreille

CONSTRUIRE UN ARBRE PHYLOGÉNÉTIQUE

CONVERSION ÉNERGÉTIQUE

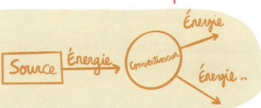

Quiz d'évaluation
hatier-clic.fr/esc033

ANALYSER UN DOCUMENT
décrire — conclure — interpréter

COMPRENDRE UNE CONSIGNE
trier — calculer — indiquer — légender — tracer

ANALYSER UN SPECTRE ET UNE COURBE D'ABSORPTION

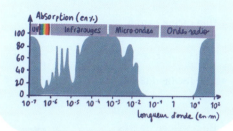

ANALYSER UN SIGNAL

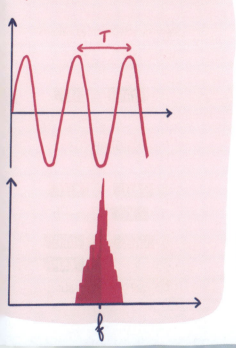

UTILISER UNE ÉCHELLE

DÉTERMINER LA FRÉQUENCE

$$f = \frac{1}{T}$$

CONVERSIONS ET PRÉFIXES

$1\,mL = 0{,}001\,L$

$1\,MJ = 10^{6}\,J$

20 Utiliser une calculatrice

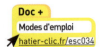

Doc + Modes d'emploi
hatier-clic.fr/esc034

	TI-83 Premium CE	Casio Graph 90+E
Calculer	mode	Exe-Mat
• Avec les puissances de 10	2nde , ( ) si exposant < 0	× 10^x ( ) si exposant < 0
• Une racine carrée	2nde x^2	SHIFT x^2
• Une racine n-ième	math 1:▶Frac 5:ˣ√ 2:▶Dec 6:fMin(3:³ 7:fMax(4:ˣ√ 8:nbreDérivé(	SHIFT ^
• Un angle en degrés ou en radians	RADIAN DEGRÉ	SHIFT MENU Angle Deg
Utiliser le mode tableur	stats	Tableur ou Statistique
1. Stocker une liste de valeurs	ÉDIT 1 : Modifier...	Saisir directement les valeurs
2. Configurer le graphique	2nde $f(x)$	(F6 ▷) F1 GRAPH F6 SET
3. Afficher le graphique	graphe	F1 GRAPH1
4. Faire une régression linéaire	CALC 4 : RégLin(ax+b)	F2 CALC F3 REG F2 X F1 ax + b
5. Faire une régression exponentielle	stats CALC 0 : RégExp	F2 CALC F3 REG F6 ▷ F3 EXP F1 ae^{bx} F1 ab^x

Les méthodes

	HP Prime	Numworks
Calculer		
• Avec les puissances de 10	**EEX** Sto► P / **+/−** M si exposant < 0	$\times\ 10^x$
• Une racine carrée	**Shift** x^2	$\sqrt{\ }$
• Une racine n-ième	**Shift** x^y	root(x,n) Racine n-ième
• Un angle en degrés ou en radians	**Shift** **CAS** Settings — Unité d'angle : Degrés	Parametres — Unité d'angle Degrés ►
Utiliser le mode tableur	Stats 2Var	Regressions
1. Stocker une liste de valeurs	**Num** ⊞ ↳Setup	Données
2. Configurer le graphique	**Shift** **Plot** ↳Setup	Graphique / Axes Zoom Initialisation
3. Afficher le graphique	**Plot** ↳Setup	Graphique
4. Faire une régression **a.** linéaire	**Symb** ⊠ ↳Setup **Ajust*** Type1 : Linéaire	Graphique OK REGRESSIONS Linéaire
b. exponentielle	Type1 : Exponentielle	Exponentielle

35

21 Utiliser un tableur pour représenter des données

Les logiciels tableurs-grapheurs (Excel, Calc, etc.) peuvent être utilisés pour représenter des données sous forme de graphiques.

Méthode

1. Dans le logiciel, **saisir** (de préférence en colonne) les noms et valeurs des données que l'on souhaite représenter sous la forme d'un graphique.

2. Sélectionner les deux colonnes ainsi complétées.

3. Dans la barre d'outils, **sélectionner** l'onglet « Diagramme » (ou « **Graphique** »), puis choisir le type de diagramme désiré (colonne, barre, secteur, nuages de points, etc.).

📎 **Remarque** Dans le logiciel Calc, cliquer sur « suivant » jusqu'à l'étape 4 « **Éléments du diagramme** ».

4. Ajouter un titre, puis **cliquer** sur « Terminer » pour obtenir le graphique choisi. Il est possible de le redimensionner.

📎 **Remarque** Par un clic droit sur le graphique, il est possible de faire apparaître les valeurs des données, de changer les couleurs, etc.

Exemple

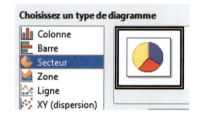

→ **À votre tour**
En utilisant les données fournies dans le fichier, représenter l'abondance des élements chimiques dans l'Univers et dans le corps humain sous forme d'histogramme.

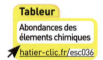

22 — Connaître les structures de base en Python

Les méthodes

Les fonctions

Une fonction est une séquence d'instructions. On l'exécute lors de son appel.
Il faut parfois fournir un ou plusieurs **paramètres** pour l'exécuter.
Après traitement, elle peut renvoyer un **résultat**, par exemple une ou des valeurs.

Python	Exemple	

`def nom(paramètres) :`
    instructions
    `return` *résultat*
	1 `def Vcube(a):`
	2 `V=a**3`
	3 `return V`
		La fonction Vcube renvoie le volume V d'un cube d'arête a, a étant le paramètre.

Les boucles bornées et non bornées

Dans une boucle bornée, une séquence d'instructions est **répétée** un **nombre fini** de fois connu à l'avance.

Python	Exemple	
`for i in range(1,n+1):` *instructions* **Attention** i varie de 1 (inclus) à n + 1 (exclu).	1 `g=5000` 2 `for i in range(1,11):` 3 `g=g*1.005` **Attention** L'indentation est obligatoire.	Une grandeur *g* initialement de 5 000 unités subit 10 augmentations successives de 0,5 %.

Une boucle non bornée permet de répéter une séquence d'instructions **tant qu'**une **condition** est vérifiée.

Python	Exemple	
`while` *condition* `:` *instructions*	1 `g=900` 2 `while g>500 :` 3 `g=g*0.98`	Une grandeur *g* initialement de 900 unités subit des diminutions successives de 2 % **tant que** cette grandeur reste supérieure à 500.

23 Utiliser un tableur pour modéliser

À partir de mesures ou séries statistiques, on peut modéliser des phénomènes (physiques, démographiques, etc.) à l'aide de fonctions mathématiques. Les tableur-grapheurs (par exemple Calc ou Excel) peuvent être utilisés pour représenter ces données par un nuage de points, puis pour obtenir une expression de la fonction pouvant **modéliser le phénomène étudié**.

Représentation des données : nuage de points

➔ Fiche 24

Méthode

1. Dans une feuille de calcul, **saisir** les mesures ou séries de nombres dans les colonnes A et B.

2. Sélectionner ces deux colonnes.

3. Dans la barre d'outils, **sélectionner** l'icône « Diagramme » puis « XY (dispersion) ».

🖉 **Remarque** Dans Excel, choisir « Insertion », puis « Nuage de points ».

4. Nommer les axes et **donner** un titre au graphique (clic droit sur l'image, puis « Insérer des titres »).

> Le titre doit comporter la mention « en fonction de ».

Exemple

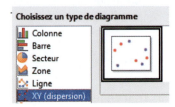

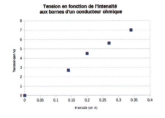

→ À votre tour

➔ Fiche 44

Plusieurs échantillons d'une même météorite ont été analysés pour estimer son âge en utilisant la méthode Rubidium/Strontium. Voici les résultats d'analyse :

Rapport isotopique 1	0,5	1,1	1,4	1,5	2
Rapport isotopique 2	0,73	0,77	0,79	0,80	0,83

▸ Représenter ces données à l'aide d'un tableur-grapheur par un nuage de points.

Les méthodes

Modèle linéaire : ajustement affine

Si les points du nuage sont alignés ou presque alignés, alors il est possible de tracer une droite passant « au plus proche » de tous ces points.
On parle de **régression linéaire** ou **d'ajustement affine**. → Fiche 3

Méthode

1. Cliquer avec le bouton droit sur l'un des points et **choisir** « Insérer une courbe de tendance ».

📎 **Remarque** Dans Excel, choisir « Ajouter une courbe de tendance ».

2. Sélectionner « Linéaire », puis **cocher** « Afficher l'équation » et enfin **valider.**

📎 **Remarque** On peut aussi afficher le coefficient de détermination, noté R^2. Plus il est proche de 1, plus le modèle linéaire est adapté.

3. La droite est tracée. **Lire** l'équation de cette droite ou une expression de la fonction affine correspondante :

$y = mx + p$ ou $f(x) = mx + p$

Exemple

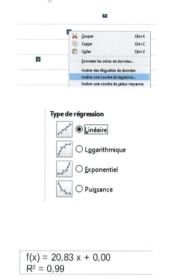

→ À votre tour

1. Pourquoi les données relevées sur l'échantillon de météorite (p.38) permettent-elles d'envisager une modélisation linéaire ?

....

2. Donner l'équation de la droite résultant de cette modélisation.

....

Modèle exponentiel

→ Fiche 63

Si le modèle linéaire n'est pas adapté, alors un autre modèle peut être choisi, comme le **modèle exponentiel**. Le tableur grapheur trace la courbe de tendance et en affiche une équation de la forme
$y = a \times e^{bx}$ ou $f(x) = a \times b^x$

À l'étape **2.**, sélectionner :

📎 **Remarque** « e » signifie « exponentiel ».

39

24 Représenter et traiter des données avec Python

Les bibliothèques

Pour effectuer des tâches spécifiques, on peut importer des bibliothèques (*package* en anglais).

Exemples :

La bibliothèque **math** donne accès à certaines fonctions mathématiques, des constantes, des conversions, etc.

```
1  import math
2  V=4/3*math.pi*7.1**3
```

La bibliothèque **statistics** fournit des fonctions de statistiques pour traiter des données : moyenne, médiane, etc.

```
1  import statistics
2  m=statistics.mean([1,7,9,21])
```

➔ À votre tour

1. Que contiennent les variables V et m dans les exemples ci-dessus ?

....

2. Écrire une séquence d'instructions permettant de déterminer la circonférence C de la Terre ($R_T \approx 6\,400$ km). ➔ **Fiche 7**

....

Représentation de données : nuage de points, diagramme

Méthode

1. Importer la bibliothèque **matplotlib**. Son nom étant long, on utilise un alias, ici **plt** (ligne 1).

2. Stocker les données dans des listes (lignes 3 et 4).

3. Donner un titre aux axes et au graphique (lignes 6, 7, 8).

4. Créer le graphique en précisant la couleur et la forme des points (ligne 9).

5. Afficher le graphique dans une fenêtre (ligne 10).

Exemple

```
1   import matplotlib.pyplot as plt
2
3   I=[0,0.021,0.039,0.063]
4   U=[0,0.54,1.08,1.62]
5
6   plt.xlabel("I en A")
7   plt.ylabel("U en V")
8   plt.title("U en fonction de I")
9   plt.scatter(I,U,c='green',marker='+')
10  plt.show()
```

40

Les méthodes

À votre tour

1. Que s'affiche-t-il dans la fenêtre à l'éxecution de la ligne 10 de l'exemple précédent ?

....

2. Représenter les données suivantes à l'aide d'un diagramme en barres avec Python.

Éléments chimiques dans le corps humain	O	C	H	N	Autres
Proportion (en %)	23	12	61	2	2

 Remarque La fonction *bar* de la bibliothèque **matplotlib.pyplot** permet de tracer des diagrammes en barres.

Modélisation : régression linéaire

Méthode

1. Importer la bibliothèque **scipy.stats** (ligne 1).

2. Stocker les données dans des listes (lignes 3 et 4).

3. Créer une variable droite et lui affecter les résultats renvoyés par la fonction régression linéaire, avec en paramètres les listes de données (ligne 6).

4. Créer une variable m et lui affecter la pente de la droite, puis une variable p et lui affecter l'ordonnée à l'origine, puis une variable c et lui affecter le coefficient de détermination (lignes 8, 9, 10).

5. Afficher ces paramètres (ligne 12).

Exemple

```
import scipy.stats as sc

I=[0,0.021,0.039,0.063]
U=[0,0.54,1.08,1.62]

droite=sc.linregress(I,U)

m=droite.slope
p=droite.intercept
c=droite.rvalue

print([m,p,c])
```

À votre tour

1. Que contiennent les variables m, p et c à la fin de l'exécution de ce programme ?

....

2. En déduire une équation de la droite réalisant l'ajustement affine en arrondissant les paramètres à l'unité.

....

25 Analyser un document

Pour répondre à une question, il est parfois nécessaire d'analyser des documents de différents types : texte, photographie, graphique, etc.

Décrire le document — Je **vois/constate/observe** que

- **Présenter** rapidement le document.
- **Identifier et citer** des éléments judicieux tels que :

Supports	Éléments
Graphique, etc.	Maximum, minimum, variations, témoin, etc.
Graphique, tableau, etc.	Valeurs (avec unités) que l'on peut comparer, etc.
Photographie, carte, schéma, etc.	Formes, taille, couleur, granulométrie, localisation, etc.
Texte, schéma, etc.	Mots et informations clés, etc.
Expérience, etc.	Principe, protocole, résultat, etc.

- **Hiérarchiser** les observations en commençant par les plus importantes.
- Être **précis** dans le vocabulaire.

Expressions erronées à éviter
« la courbe monte », « l'axe horizontal indique… », « la légende dit que… »

Interpréter le document — Je **déduis** que

- **Déduire** la nature des structures et/ou phénomènes impliqués.
- **Expliquer** les relations causes/conséquences.
- **Mettre en relation** les documents.

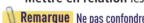 **Remarque** Ne pas confondre observation et interprétation.

Conclure en utilisant ses connaissances — Je **conclus** que

- **Mettre en relation** les données et les connaissances (« je sais que »).
- **Sélectionner** ce qui est **judicieux** et ce qui répond à la question.
- **Répondre** à la question posée (« je conclus que »).
- Bien vérifier que la réponse est **argumentée**.

Les méthodes

Exemple

On cherche à déterminer le processus réalisé par l'Élodée (plante aquatique) à la lumière.

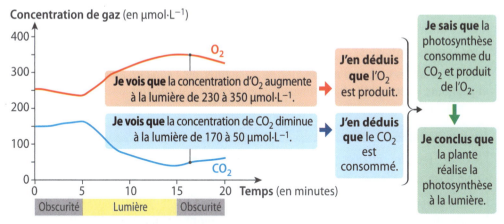

Graphique montrant les concentrations d'O_2 et de CO_2 en fonction du temps et de la luminosité dans une suspension d'Élodée

→ À votre tour

Un élève a observé deux roches au microscope : le basalte et le gabbro. → Fiche 37

▸ Analyser le document pour identifier quelle roche est de type volcanique.

Photographie d'une lame mince de basalte (MO × 100)

Photographie d'une lame mince de gabbro (MO × 100)

26 Comprendre une consigne

Pour bien comprendre une consigne, il faut :
- la lire **entièrement** ;
- **repérer les mots-clés** ;
- repérer le ou les **verbes d'action** (décrire, démontrer, etc.) et/ou les **adverbes** et **pronoms interrogatifs** (qui, comment, pourquoi, etc.) et **adapter** la réponse en conséquence.

Verbes d'action usuels

- **Citer :** recopier certaines parties d'un texte, d'un tableau, etc.

- **Comparer :** lister les points communs et les différences. Si l'énoncé demande de comparer deux valeurs, préciser si elles sont égales, ou si l'une est inférieure ou supérieure à l'autre.

- **Conclure :** rédiger une réponse finale, complète et synthétique au problème posé.

- **Décrire :** indiquer précisément les caractéristiques que l'on observe (taille, couleur, nature d'une structure, phénomène, etc.).

- **Déduire :** se servir des réponses précédentes pour expliquer les éléments observés, le phénomène étudié.

- **Définir :** donner la définition, le sens d'un mot ou d'un phénomène, de manière précise.

- **Déterminer graphiquement :** lire une valeur sur un graphique ou calculer une valeur en utilisant un graphique.

- **Démontrer :** prouver un fait par un raisonnement, des calculs, etc.

- **Estimer :** donner une valeur approchée ou un ordre de grandeur, exprimer qualitativement.

- **Identifier :** repérer et nommer précisément un ou des éléments.

- **Interpréter :** donner du sens à une observation ou un résultat.

- **Justifier :** détailler le raisonnement qui a permis de trouver la réponse en utilisant des connaissances, des documents, un calcul.

- **Nommer :** donner le nom (d'un phénomène, d'une personne, etc.).

- **Reproduire :** refaire à l'identique (un tableau, un schéma, etc.).

 Remarque Attention, une consigne peut comporter plusieurs parties. Il faut bien repérer et vérifier *a posteriori* que chacune ait bien été traitée.

27 Déterminer la fréquence d'un signal

Un signal périodique peut être caractérisé par sa **fréquence f** exprimée en **hertz** (Hz).

Méthode

1. Enregistrer le signal à l'aide d'un logiciel d'acquisition.

2. Repérer le motif élémentaire, c'est-à-dire la plus petite portion de la courbe qui se répète au cours du temps.

3. Déterminer la durée T (exprimée en secondes) du motif élémentaire. Cette durée est appelée période.

 Remarque Relever l'abscisse t_1 à laquelle débute le motif élémentaire et l'abscisse t_2 à laquelle il se termine. $T = t_2 - t_1$.

4. Calculer la fréquence f du signal (nombre de motif(s) qui se répète(nt) en 1 seconde) en utilisant la formule $f = \dfrac{1}{T}$.

Remarque Choisir un motif élémentaire dont les limites sont facilement repérables.

→ À votre tour

▸ Après avoir repéré le motif élémentaire, déterminer la fréquence du signal ci-dessous.

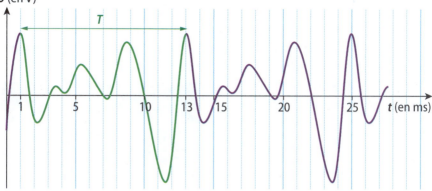

28 Analyser un spectre et une courbe d'absorption [PC] [SVT]

Un spectre d'absorption est obtenu en **décomposant la lumière** ayant **traversé un corps** éclairé en lumière blanche.

Analyser un spectre de bandes d'absorption

Le spectre d'absorption d'une **solution colorée** présente des **bandes noires** sur le **fond** coloré du **spectre** de la **lumière blanche.** Ces bandes noires correspondent aux rayonnements absorbés.

Exemple :
La chlorophylle absorbe les rayonnements dont les longueurs d'onde sont comprises entre 400 et 480 nm et entre 650 et 710 nm.

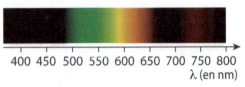

Spectre d'absorption d'une solution de chlorophylle

Analyser un spectre de raies d'absorption

Le spectre d'absorption d'un **gaz** (ou d'un mélange de gaz) est formé de **raies noires** sur le fond coloré du **spectre de la lumière blanche.**

> Un gaz absorbe les rayonnements de même longueurs d'onde que ceux qu'il peut émettre. Pour identifier la présence de ce gaz, on compare son spectre d'émission au spectre d'absorption étudié.

➔ **Fiche 19**

Exemple : Les raies présentes sur le spectre d'émission de l'hydrogène correspondent à certaines raies noires du spectre d'absorption de l'étoile : on en déduit que l'hydrogène est présent dans l'atmosphère de l'étoile.

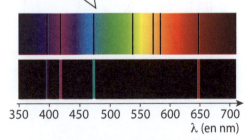

Spectre d'absorption simplifié d'une étoile et spectre d'émission de l'hydrogène

Analyser une courbe d'absorption

La courbe d'absorption d'un gaz (ou d'un mélange de gaz) représente le pourcentage de rayonnements absorbés par ce gaz (ou ce mélange de gaz) en fonction de leurs longueurs d'onde. Son analyse permet de **déterminer** les **rayonnements transmis** ou **absorbés**.

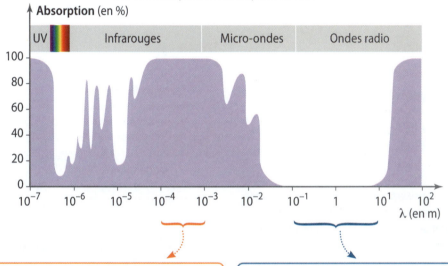

Courbe d'absorption de l'atmosphère terrestre

Le pourcentage d'absorption étant 100 %, la totalité des rayonnements dont les longueurs d'onde sont comprises entre 10^{-4} m et 10^{-3} m est absorbée par l'atmosphère.

Le pourcentage d'absorption étant 0 %, la totalité des rayonnements dont les longueurs d'onde sont comprises entre 10^{-1} m et 10 m est transmise par l'atmosphère.

→ À votre tour

1. Les rayonnements UV sont-ils transmis ou absorbés par l'atmosphère ?

....

....

2. Tous les rayonnnements visibles sont-ils transmis par l'atmosphère ?

....

....

47

29 Réaliser des schémas fonctionnels

Un schéma fonctionnel est une **représentation simplifiée** d'un phénomène ou d'un mécanisme. Il **met en relation** les différents éléments pour expliquer leur fonctionnement.

Méthode

TRACER LE SCHÉMA

1. **Représenter** les **différentes structures** et les **mécanismes** sous forme de figurés (formes géométriques, flèches, etc.).

2. **Faire apparaître les liens logiques** entre les éléments en utilisant des codes (couleurs, majuscules, flèches orientées, etc.).

3. **Légender le schéma** :
- aligner les légendes (à gauche et/ou à droite), les amener par des traits parallèles tracés à la règle ;
- expliciter le code couleur utilisé.

4. **Ajouter un titre** complet.

SE RELIRE

Vérifier que :
- le schéma est complet (titre, légendes, ordre des étapes, etc.) ;
- les codes sont respectés.

Exemple

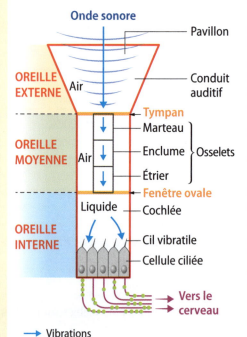

Schéma fonctionnel de la conversion d'une onde sonore en message nerveux auditif, au sein de l'oreille

→ À votre tour

À partir du graphique et du texte ci-dessous, réaliser un schéma fonctionnel des échanges se produisant entre les levures et le milieu de culture entre 200 s et 400 s (métabolisme de la fermentation alcoolique).

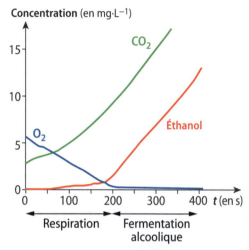

Mesure de la concentration en diverses molécules au cours du temps lors de l'expérience

- Des levures sont mises en culture dans un bioréacteur fermé. Des sondes et un thermomètre sont utilisés.
- La division des levures s'accompagne d'une production d'énergie chimique.
- Entre 0 s et 400 s, la quantité de glucose diminue et la température augmente.

Remarque Si la quantité d'une substance augmente dans le milieu, la cellule la produit. Si cette quantité diminue, la cellule la consomme.

30 Construire et interpréter un arbre phylogénétique [SVT]

Un **arbre phylogénétique** montre les **relations de parenté** entre les êtres vivants (quelles espèces sont les plus proches) et décrit l'histoire évolutive d'un groupe.

Construire une classification

Méthode

1. Compléter et trier les données d'une matrice taxons/caractères qui liste les **états** (présent/absent) de chaque caractère pour les espèces (taxons) étudiées.

2. Construire les **groupes emboîtés** à partir de cette matrice.

Exemple

	Vertèbres	Poumons	Amnios
Sardine	Présentes	Absents	Absent
Grenouille	Présentes	Présents	Absent
Lézard	Présentes	Présents	Présent

Matrice taxons/caractères de quelques espèces

Classification sous forme de groupes emboîtés

Construire un arbre phylogénétique

Un arbre est construit selon la règle suivante : « plus les espèces ont des caractères en commun, plus elles sont proches, plus elles ont un ancêtre commun récent ».

❶ **Relier les deux espèces les plus proches** par des traits obliques (*traits en noir*) qui se rejoignent en un **nœud** : c'est leur **ancêtre commun**.

❷ **Ajouter progressivement les autres espèces en traçant d'autres traits** (*en gris*) **et d'autres nœuds**.

❸ **Enraciner l'arbre par** un trait vertical à sa base (*en gris clair*).

❹ **Placer les caractères** (innovations évolutives) et **schématiser les ancêtres** au niveau des nœuds sous forme de carrés.

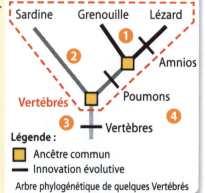

Légende :
■ Ancêtre commun
— Innovation évolutive

Arbre phylogénétique de quelques Vertébrés

Les méthodes

→ **À votre tour**

	Vertèbres	Poumons	Amnios	Allaitement	Pouce opposable
Sardine	Présentes	Absents	Absent	Absent	Absent
Grenouille	Présentes	Présents	Absent	Absent	Absent
Lézard	Présentes	Présents	Présent	Absent	Absent
Dauphin	Présentes	Présents	Présent	Présent	Absent
Homme	Présentes	Présents	Présent	Présent	Présent
Gorille	Présentes	Présents	Présent	Présent	Présent

Matrice taxons/caractères de quelques Vertébrés

À partir de la matrice ci-dessus :

a. Compléter l'arbre phylogénétique ébauché ci-dessous.
b. Entourer en bleu le groupe des Mammifères caractérisé par l'allaitement.
c. Entourer en vert l'ancêtre commun entre le Lézard et la Sardine.

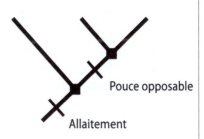

Légende :
■ Ancêtre commun
— Innovation évolutive

31 Décrire une chaîne de conversion énergétique [PC]

Un **diagramme** ou **une chaîne de conversion énergétique** permet de représenter les conversions d'énergie.

Par exemple :
- un rectangle représente un **réservoir** d'énergie ;
- un ovale représente un **convertisseur** d'énergie ;
- une flèche représente une **forme** d'énergie.

➔ **Fiche 17**

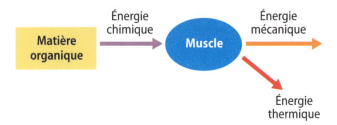

 Remarque Une **chaîne de conversion** énergétique comporte plusieurs convertisseurs, alors qu'un diagramme énergétique n'en comporte qu'un.

➔ À votre tour

Représenter la chaîne de conversion énergétique d'une centrale nucléaire à partir de la description de son fonctionnement.

« Dans le réacteur d'une centrale nucléaire, la fission des noyaux d'atomes d'uranium permet la vaporisation d'eau dans un générateur de vapeur. Cette vapeur d'eau sous pression est utilisée pour entraîner un alternateur. Lors de chaque conversion, de l'énergie thermique est dissipée dans l'environnement »   ➔ **Fiches 55 et 56**

Les méthodes

32 Utiliser une échelle [SVT]

Une échelle permet de **calculer la taille réelle** d'un objet représenté sur un document.
Elle est indiquée par un segment de longueur donnée.

> 📝 **Remarque** Les longueurs sur le document sont proportionnelles aux longueurs réelles.

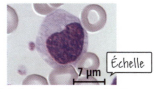
Cellule de sang humain (MO)

Méthode

1. Mesurer avec une règle graduée **la longueur du segment indicatif** pour déterminer l'échelle.

2. Mesurer la taille de l'objet sur le document.

3. Calculer la taille réelle de l'objet en utilisant un tableau de proportionnalité.
➲ Fiche 1

⚠️ Attention aux **unités** !

Exemple

Ici, 0,9 cm sur le papier représente 7 µm en réalité.

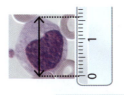

Le diamètre de la cellule mesure 1,6 cm sur le document.

	Longueur mesurée sur le document (en cm)	Longueur réelle (en µm)
Échelle	0,9	7
Cellule	1,6	?

Le diamètre de la cellule est :
$$? = \frac{1,6 \text{ cm} \times 7 \text{ µm}}{0,9 \text{ cm}} \approx 12,4 \text{ µm en réalité}$$

→ À votre tour

Calculer la longueur réelle de l'euglène ci-contre.

....
....
....
....

53

33 Conversions

Pour procéder à des conversions d'unités, on peut utiliser des tableaux dont chaque colonne correspond à un multiple ou sous-multiple de l'unité de base considérée.

Unités de longueur, de masse et de capacité

Longueur				km	hm	dam	m	dm	cm	mm
Capacité				kL	hL	daL	L	dL	cL	mL
Masse	t	q		kg	hg	dag	g	dg	cg	mg
	4	3	0	0						

Exemple : 4,3 t correspond à 4 300 kg.

Unités d'aire

Le tableau de conversion des unités d'aire comporte **deux colonnes par unité**.

Aire	km^2		hm^2		dam^2		m^2		dm^2		cm^2		mm^2	
	0	4	5	0	0	0	0							

2 colonnes

Exemple : 450 000 m^2 correspond à 0,45 km^2.

Unités de volume

Le tableau de conversion des unités de volumes comporte **trois colonnes par unité**. On peut y ajouter la correspondance avec les capacités pour passer d'une unité de volume à une unité de capacité et vice-versa.

> 1 L correspond à 1 dm^3.

Volume	...		m^3			dm^3			cm^3			...		
Capacité	...		kL	hL	daL	L	dL	cL	mL	...	...	...
						0	2	5	0			

3 colonnes

Exemple : 0,25 dm^3 correspond à 250 cm^3 soit 0,25 L ou encore 250 mL.

→ À votre tour

Un cylindre de cuivre a un volume de 12 mL.

➤ Exprimer ce volume en m^3.

54

34 Préfixes d'unités

Activité interactive
hatier-clic.fr/esc055

Les **multiples** et **sous-multiples** des unités sont désignés par des **préfixes**. Chaque préfixe est symbolisé par une **lettre** (placée devant le symbole de l'unité) et correspond à une **puissance de dix** (de l'unité considérée).

Préfixe	téra	giga	méga	kilo	hecto	déca	déci	centi	milli	micro	nano
Symbole	T	G	M	k	h	da	d	c	m	µ	n
10^n	10^{12}	10^9	10^6	10^3	10^2	10^1	10^{-1}	10^{-2}	10^{-3}	10^{-6}	10^{-9}

Exemples :

• La mémoire vive d'un smartphone est en moyenne égale à 3,5 Go soit $3,5 \times 10^9$ o.

• La taille d'un fichier MP3 est de l'ordre de 3 Mo soit 3×10^6 o.

• La molécule d'ADN a une épaisseur égale à 2 nm soit 2×10^{-9} m.

• La taille d'une cellule observée au microscope est égale à 8,2 µm soit $8,2 \times 10^{-6}$ m.

→ À votre tour

1. Exprimer les valeurs ci-dessous dans l'unité précisée, en utilisant les puissances de 10 si nécessaire.

a. L'âge de la Terre est estimé à 4,5 Ga soit .... a.

b. La puissance d'un capteur solaire est de 5 mW soit .... W.

c. La fréquence d'échantillonnage standard pour l'enregistrement des CD est de $44,1 \times 10^3$ Hz soit .... kHz.

d. La longueur d'onde de la raie jaune du spectre du sodium est d'environ 589×10^{-9} m soit .... nm.

2. Un fichier son correspondant à un seul titre enregistré au format MP3 a une taille approximative de 4,2 Mo. Combien pourrait-on en stocker sur une carte SD de 120 Go ?　　　　　　　　　　　　　　　　　→ Fiche 2

....

55

Les méthodes

▷ Dans quel mode doit être paramétrée la calculatrice lors de l'utilisation des relations de trigonométrie dans un triangle rectangle ?
▷ Quel mode de la calculatrice utiliser pour faire une régression linéaire ou exponentielle ?

→ Fiche 20

▷ Comment se nomme le type de graphique où l'angle au centre est proportionnel à la valeur d'une donnée ?

→ Fiche 21

▷ Quelles structures en Python permettent de répéter une séquence d'instructions ?
▷ Quelle instruction permet de renvoyer un résultat à la fin de l'exécution d'une fonction ?

→ Fiche 22

▷ Quelle méthode suivre pour représenter des données par un nuage de points à l'aide d'un tableur ?

→ Fiche 23

▷ Des données ont été représentées par un nuage de points. Dans quel(s) cas peut-on envisager une modélisation linéaire ?

→ Fiche 23

▷ Quelle bibliothèque importer pour utiliser la constante π dans un programme Python ?
▷ Que permettent de tracer les fonctions *scatter* et *bar* de la bibliothèque *matplotlib* ?

→ Fiche 24

▷ Dans quelle unité s'exprime la fréquence d'un signal ?
▷ Quelle relation lie la période T et la fréquence f d'un signal ?

→ Fiche 27

▷ Comment identifier la présence d'un gaz dans un spectre d'absorption ?

→ Fiche 28

Je réponds à chaque question

Je vérifie aussitôt ma réponse dans la fiche indiquée.

Tant que je n'ai pas 100 % de bonnes réponses, je recommence.

Que peut-on déduire de l'analyse d'une courbe d'absorption d'un gaz ?

→ Fiche 28

Qu'est-il important de bien vérifier après avoir réalisé un schéma fonctionnel ?

→ Fiche 29

Que permet de construire une matrice taxons/caractères ?

→ Fiche 30

Comment représenter des relations de parenté ?

→ Fiche 30

Que modélise un diagramme énergétique ?

→ Fiche 31

Quelle est la taille réelle d'une cellule mesurant 6 cm sur un cliché si l'échelle du document est de 2 µm pour 1 cm ?

→ Fiche 32

Convertir 0,075 dm^3 en mL.

La masse volumique du cuivre est 8 900 kg·m^{-3} (unités du S.I.). Convertir cette valeur en g·cm^{-3}.

→ Fiche 33

Associer une puissance de dix à chacun des préfixes suivants : giga, méga, milli, micro et nano.

→ Fiche 34

Mes notes

Mes notes

Partie 3 — LES INCONTOURNABLES

DE 1re ET DE Tle

Quiz d'évaluation
Pour la 1re
Pour la Tle
hatier-clic.fr/esc061

CO₂ — fonte des glaces

SCIENCE, CLIMAT & SOCIÉTÉ

Lois physiques biologiques chimiques — Hypothèses — Modèles climatiques — Projections

LE FUTUR DES ÉNERGIES

Tle

Biodiversité et menaces

UNE HISTOIRE DU VIVANT

Fragmentation

Évolution humaine

démographie

Intelligence artificielle

35 Radioactivité et datation PC

Certains noyaux d'éléments chimiques sont **instables** : on dit qu'ils sont **radioactifs**.

Ils se transforment spontanément et de manière irréversible en d'autres noyaux plus stables, en **émettant des rayonnements et des particules**.

Désintégration nucléaire

La demi-vie d'un noyau radioactif

La demi-vie d'un noyau radioactif est la durée, notée $t_{1/2}$, nécessaire pour que la **moitié** des **noyaux** radioactifs présents initialement dans un échantillon se soit **désintégrée**.

 Remarque Le noyau radioactif d'un élément chimique est caractérisé par sa demi-vie $t_{1/2}$.

Méthode

Détermination graphique de $t_{1/2}$

1. Repérer le nombre N_0 de noyaux radioactifs initialement présents. C'est l'ordonnée à l'origine de la courbe.

2. Calculer le nombre $\dfrac{N_0}{2}$.

3. Repérer le point correspondant sur la courbe, son abscisse donne la valeur de $t_{1/2}$.

Après une durée de n demi-vies, le nombre de noyaux radioactifs restants est $\dfrac{N_0}{2^n}$.

Exemple

Nombre de noyaux radioactifs présents dans l'échantillon

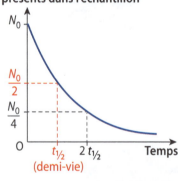

Courbe de décroissance radioactive

→ **À votre tour**

Combien reste-t-il de noyaux radioactifs au bout de trois demi-vies ?

....

62

La datation par le carbone 14

Le carbone 14 est un isotope de l'élément carbone. Dans les organismes vivants, sa quantité reste stable tout au long de la vie. Lorsque **l'organisme meurt**, la **quantité de carbone 14 diminue** par décroissance radioactive. Il est alors possible d'estimer le temps écoulé depuis la mort de cet organisme en mesurant le nombre (parfois exprimé en pourcentage) de noyaux radioactifs encore présents et en le reportant sur la courbe de décroissance radioactive.

À votre tour

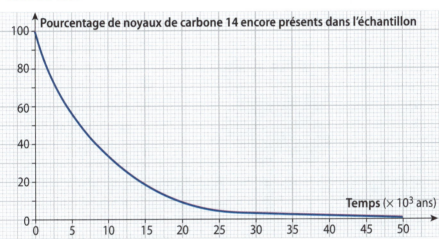

Courbe de décroissance radioactive du carbone 14

1. Déterminer graphiquement la demi-vie du carbone 14.

....

....

2. Un échantillon de charbon de bois prélevé sur le sol de la grotte Chauvet (département de l'Ardèche) ne contient plus que 4 % des noyaux de carbone 14 initialement présents. Déterminer graphiquement l'âge de ce morceau de charbon.

....

....

36 La structure des solides cristallins

Un solide cristallin est constitué d'entités chimiques (atomes, ions ou molécules) qui s'agencent de **façon ordonnée et régulière**.

Les structures **cubiques simples** et **cubiques à faces centrées** sont deux types cristallins définis par la **répétition** dans l'espace d'une **maille cubique**.
Elles se différencient par la position des entités chimiques qui la composent.

Structure de type cubique simple

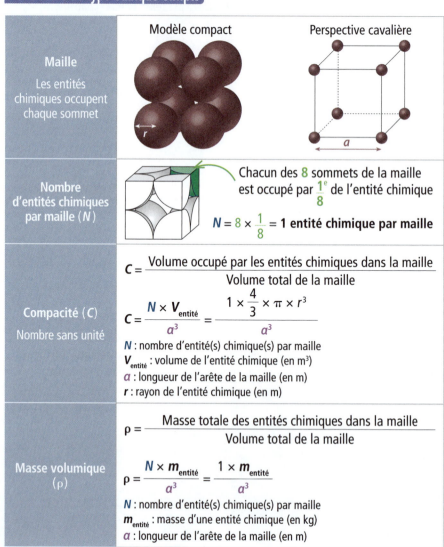

	Modèle compact	Perspective cavalière
Maille Les entités chimiques occupent chaque sommet		
Nombre d'entités chimiques par maille (N)	Chacun des **8** sommets de la maille est occupé par $\frac{1}{8}^e$ de l'entité chimique $N = 8 \times \frac{1}{8} = $ **1 entité chimique par maille**	
Compacité (C) Nombre sans unité	$C = \dfrac{\text{Volume occupé par les entités chimiques dans la maille}}{\text{Volume total de la maille}}$ $C = \dfrac{N \times V_{\text{entité}}}{a^3} = \dfrac{1 \times \frac{4}{3} \times \pi \times r^3}{a^3}$ N : nombre d'entité(s) chimique(s) par maille $V_{\text{entité}}$: volume de l'entité chimique (en m³) a : longueur de l'arête de la maille (en m) r : rayon de l'entité chimique (en m)	
Masse volumique (ρ)	$\rho = \dfrac{\text{Masse totale des entités chimiques dans la maille}}{\text{Volume total de la maille}}$ $\rho = \dfrac{N \times m_{\text{entité}}}{a^3} = \dfrac{1 \times m_{\text{entité}}}{a^3}$ N : nombre d'entité(s) chimique(s) par maille $m_{\text{entité}}$: masse d'une entité chimique (en kg) a : longueur de l'arête de la maille (en m)	

Les incontournables de 1ʳᵉ | Une longue histoire de la matière

Structure de type cubique à faces centrées

→ **À votre tour**

1. Compléter le tableau ci-dessous.

Maille Les entités chimiques occupent les sommets et le centre des faces de la maille	Modèle compact 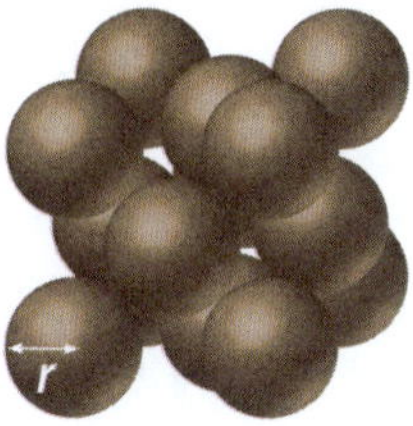	Perspective cavalière 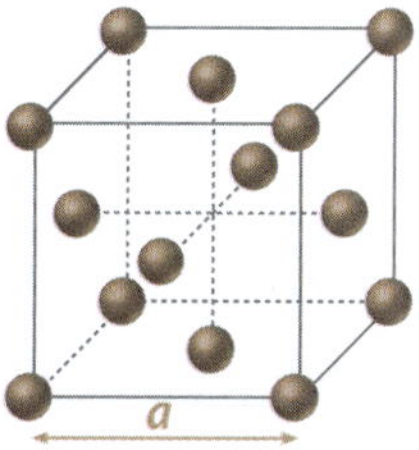
Nombre d'entités chimiques par maille (N)	Chacun des **8** sommets de la maille est occupé par $\frac{1}{8}$ᵉ de l'entité chimique Chacune des **6** faces de la maille présente $\frac{1}{2}$ entité chimique $N = 8 \times \frac{1}{8} + 6 \times \frac{1}{2} = \textbf{4 entités chimiques par maille}$	
Compacité (C) Nombre sans unité	$C =$	
Masse volumique (ρ)	$\rho =$	

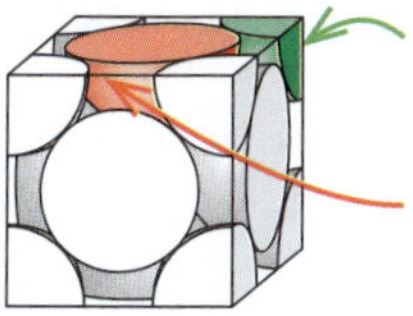

2. L'argent est un métal qui cristallise selon une structure de type cubique à faces centrées. L'arête de la maille a une longueur de $4,09 \times 10^{-10}$ m.

Données : • $m_{\text{atome d'argent}} = 1,79 \times 10^{-25}$ kg   • $r_{\text{atome d'argent}} = 1,44 \times 10^{-10}$ m

Calculer la compacité et la masse volumique de l'argent et l'exprimer en g·cm⁻³.

....

....

....

....

65

37 Des édifices ordonnés : les cristaux SVT PC

De la roche aux entités chimiques

Une **roche** est souvent formée de plusieurs **minéraux** (solides définis par leur formule chimique). Un minéral a le plus souvent une organisation cristalline (**cristal**) due à la répétition d'une même **maille** à l'échelle moléculaire. Un minéral peut aussi avoir une structure amorphe (sans organisation).

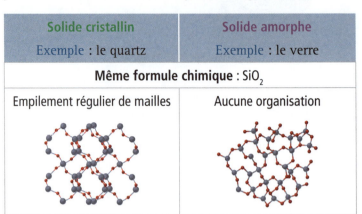

Remarque

Une roche peut aussi être formée de plusieurs cristaux d'un même minéral.

À votre tour

Légender avec les mots en bleu le document ci-dessous.

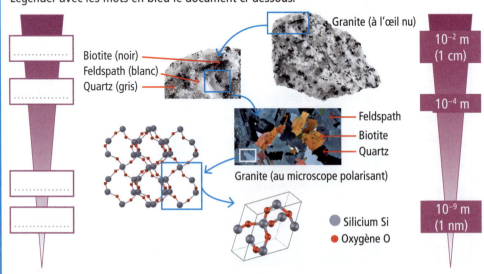

Les différentes échelles d'analyse d'une roche

Effet de la vitesse de solidification

• Un **magma** formé en profondeur peut remonter **rapidement** en surface et donner une **lave** (magma ayant perdu ses gaz). Cette lave refroidit et se solidifie rapidement : elle forme de **petits cristaux**, voire une partie amorphe (**verre volcanique**). On obtient une **roche magmatique volcanique**.

• Ce même magma peut rester en profondeur. Il cristallise alors **lentement**, ce qui donne de **gros cristaux** jointifs. On obtient une **roche magmatique plutonique**.

Roches	Observations À l'œil nu	Observations Au microscope polarisant	Formation
Basalte	6 cm	MO × 100	De quelques jours à plusieurs mois, en surface à proximité de l'eau de mer à environ 2 °C.
Gabbro	10 cm	MO × 100	De la centaine d'années aux milliers d'années, en profondeur entre 500 °C et 1 000 °C.

→ À votre tour

À partir des informations ci-dessus, placer le basalte et le gabbro sur le schéma de la dorsale océanique ci-dessous.

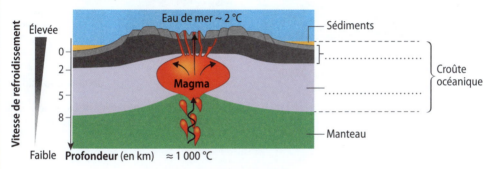

Schéma d'une dorsale océanique

38 Théorie cellulaire et membrane plasmique [SVT]

La découverte de la cellule et de sa structure, puis l'élaboration de la **théorie cellulaire**, sont liées à l'invention et au développement des microscopes optiques, puis électroniques.

Les trois piliers de la théorie cellulaire

1. La cellule est la plus petite structure du vivant.
2. Tout être vivant est constitué d'au moins une cellule.
3. Toute cellule provient d'une autre cellule par division.

Les phospholipides, lipides essentiels de la membrane plasmique

- La cellule est délimitée par une membrane plasmique qui sépare le cytoplasme intracellulaire du milieu extracellulaire.

- La membrane plasmique est constituée d'une **bicouche lipidique**, dont l'organisation est due aux propriétés **hydrophiles** (du grec « qui aime l'eau ») et **lipophiles** (du grec « qui aime la graisse ») des **phospholipides**.

- Les têtes hydrophiles des phospholipides s'orientent vers les milieux intra et extracellulaires, aqueux, alors que les chaînes lipophiles s'attirent et se font face.

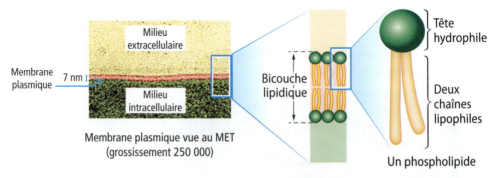

Membrane plasmique vue au MET (grossissement 250 000)

Schéma d'une portion de bicouche lipidique et d'un phospholipide

Les incontournables de 1re | Une longue histoire de la matière

Les propriétés de la membrane plasmique

- Seuls les corps gras (molécules lipophiles) et les gaz (O_2, CO_2, etc.) peuvent traverser directement la bicouche lipidique de la membrane plasmique.

- Les corps hydrophiles (eau, ions, molécules hydrophiles, etc.) traversent la membrane plasmique grâce aux protéines qu'elle contient.

→ **À votre tour**

1. Compléter le schéma des échanges se produisant au niveau de la membrane plasmique ci-dessous.

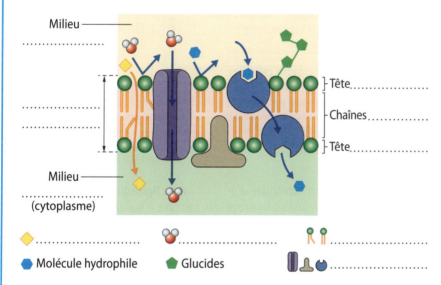

2. Le cholestérol est un lipide qui possède une partie hydrophile (**1**) et une partie hydrophobe (**2**).
Le schéma ci-dessous est faux. Proposer un schéma correct et légendé.

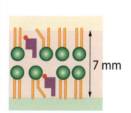

39 Le rayonnement solaire [PC]

L'énergie des étoiles

L'énergie émise par les étoiles :
- provient des réactions de **fusion nucléaire de l'hydrogène** ;
- est **rayonnée** sous forme d'ondes électromagnétiques ;
- est liée à une **perte de masse m** de l'étoile.

La relation d'**équivalence masse-énergie** relie perte de masse (**m**) et énergie rayonnée (**E**).

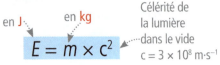

$$E = m \times c^2$$

en J, en kg, Célérité de la lumière dans le vide $c = 3 \times 10^8$ m·s⁻¹

Déterminer la température de surface d'une étoile

Le spectre thermique d'une étoile **ne dépend que de sa température** de surface.

Méthode	Exemple
1. Repérer sur le spectre la longueur d'onde λ_{max} correspondant au maximum de l'intensité lumineuse I_{max}.	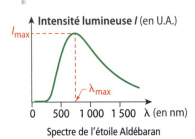 Spectre de l'étoile Aldébaran
2. Utiliser la **loi de Wien** pour calculer la température de l'étoile. → Fiche 5	$\lambda_{max} \times T = $ constante $= 2{,}90 \times 10^{-3}$ (en m, en K, en m·K) Donc $T = \dfrac{2{,}90 \times 10^{-3}}{\lambda_{max}} = \dfrac{2{,}90 \times 10^{-3}}{750 \times 10^{-9}} \approx 3{,}9 \times 10^3$ K

→ À votre tour

Chaque seconde, le Soleil libère une énergie E de $3{,}87 \times 10^{26}$ J.
► Calculer la masse solaire perdue chaque seconde.

$$m = \frac{E}{c^2} = \frac{3{,}87 \cdot 10^{26}}{(3 \times 10^8)^2} \approx 4{,}3 \times 10^9 \text{ kg}$$

La puissance radiative du Soleil sur Terre

C'est la **puissance rayonnée** par le Soleil, **par unité de surface** sur Terre. Elle s'exprime en W·m^{-2}.

La puissance radiative P reçue par la Terre dépend :

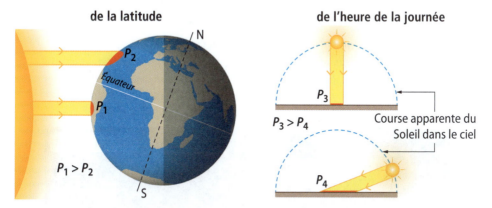

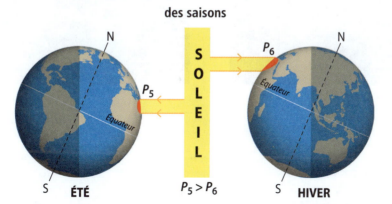

21 juin : solstice d'été (hémisphère Nord)   21 décembre : solstice d'hiver (hémisphère Nord)

→ **À votre tour**

1. Au même instant, quelle ville reçoit la puissance radiative la plus élevée : Londres ou Alger ?

Alger, car elle est plus proche du Soleil du fait que sa latitude est moins élevé.

2. En Afrique du Sud, la puissance radiative reçue par la Terre est-elle plus importante le 21 décembre ou le 21 juin ?

21 Décembre, la Terre est plus incliné vers le Sud

40 Le bilan radiatif terrestre PC SVT

Puissance solaire reçue par la Terre

Le Soleil émet dans toutes les directions de l'espace un rayonnement de puissance totale P_{Soleil} (en W), dont seule une partie atteint la Terre.

La **puissance surfacique** P_s (en W·m^{-2}) du rayonnement solaire qui atteint la Terre dépend de la **distance Terre-Soleil** d_{TS}.

La **puissance** P_{Terre} (en W) reçue par la Terre dépend du **rayon terrestre** R_T car seuls les rayons solaires traversant le disque imaginaire de rayon R_T atteignent la Terre.

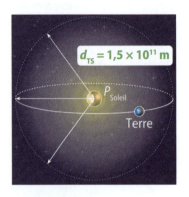

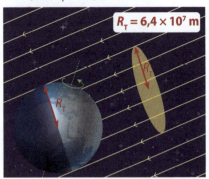

→ À votre tour

Entourer les expressions correctes.

a. $P_s = \dfrac{P_{Soleil}}{4 \times \pi \times d_{TS}^2}$ **b.** $P_s = P_{Soleil} \times (4 \times \pi \times d_{TS}^2)$ **c.** $P_{Terre} = \dfrac{P_{Soleil}}{4 \times \pi \times d_{TS}^2} \times \pi \times R_T^2$

d. $P_{Terre} = P_{Soleil} \times \pi \times R_T^2$ **e.** $P_{Terre} = P_s \times \pi \times R_T^2$ **f.** $P_s = P_{Soleil} \times 2 \times \pi \times d_{TS}$

Albédo terrestre

Une partie du rayonnement solaire reçu par la Terre est diffusée vers l'espace.

Ce phénomène est quantifié par l'**albédo A**.

$$A = \dfrac{P_{diffusée}}{P_{Terre}}$$

L'albédo terrestre moyen est égal à 30 %.

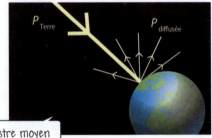

Les incontournables de 1ʳᵉ | Le Soleil, notre source d'énergie

→ À votre tour

Entourer les expressions correctes.

a. $P_{diffusée} = 0,3\ P_{Terre}$ b. $P_{diffusée} = 30\ \% \times P_{Terre}$ c. $P_{Terre} = 0,3\ P_{diffusée}$

$P_{Terre} = \dfrac{P_{diffusée}}{0,3}$

Effet de serre et bilan radiatif

- La partie du **rayonnement solaire** non diffusée vers l'espace est absorbée par les GES ou transmise vers la surface de la Terre (qui l'absorbe), ce qui la réchauffe.
- Comme tout corps chauffé, la Terre émet des **rayonnements infrarouges**.
- Une partie des rayonnements infrarouges est transmise vers l'espace, le reste est absorbé par les GES (H_2O, CO_2, CH_4, NO_2, etc.) présents dans l'atmosphère.

> Sans les GES, la température moyenne terrestre serait d'environ $-20\ °C$ au lieu de $+15\ °C$.

- Les GES réémettent alors des rayonnements infrarouges vers l'espace ou en direction de la surface de la Terre. Ces derniers provoquent un échauffement supplémentaire de la surface terrestre, c'est l'**effet de serre**.

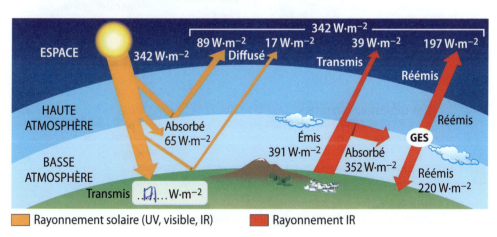

Schéma du bilan radiatif terrestre simplifié

→ À votre tour

1. Complétez la valeur manquante sur le schéma.

$342 - 89 - 17 - 65 = 171\ W \cdot m^{-2}$

2. Montrer que le bilan radiatif de la Terre est à l'équilibre au niveau de la surface terrestre.

$220 + 171 - 391 = 0\ W \cdot m^{2}$

41 Une conversion biologique : la photosynthèse [SVT]

Devenir de l'énergie solaire à l'échelle d'une feuille

Dans la feuille, seul **1 %** de l'énergie solaire reçue est convertie en énergie chimique (stockée dans la matière organique) grâce à la photosynthèse.

➔ **Fiche 11**

→ **À votre tour**

Compléter le schéma ci-dessous avec les termes : diffusion, transmission, absorption.

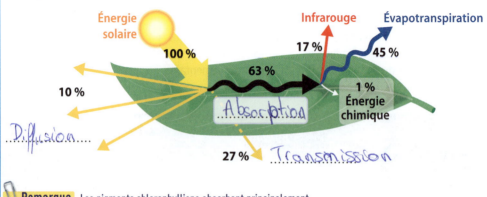

Remarque Les pigments chlorophylliens absorbent principalement les rayonnements bleus et rouges.

➔ **Fiche 19**

Devenir de l'énergie solaire au cours des temps géologiques

• La matière organique majoritairement végétale enfouie dans les sédiments, non décomposée, se transforme en profondeur pendant des dizaines de millions d'années.

• On obtient des **combustibles fossiles** (charbon, pétrole, gaz naturel) constitués des principaux éléments chimiques du monde vivant (**C, H, O**).

• Un combustible fossile contient donc de l'énergie chimique résultant de la conversion d'une partie de l'énergie lumineuse.

Remarque Une forte teneur en C et H indique qu'un échantillon a une origine biologique (il provient d'un être vivant).

Devenir de l'énergie solaire à l'échelle de la biosphère

• **0,1 %** de la puissance solaire totale arrivant sur Terre est utilisé par les végétaux chlorophylliens pour produire de la matière organique, à la base des chaînes alimentaires.

• À chaque maillon d'une chaîne, une partie de l'énergie reçue n'est pas stockée sous forme de matière organique (dissipation par la respiration, pertes dans les excréments, etc.). Il y a donc moins d'énergie chimique disponible pour le maillon suivant.

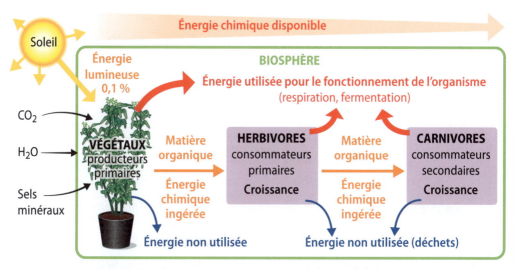

Devenir de l'énergie lumineuse tout au long d'une chaîne alimentaire

→ À votre tour

1. Préciser le devenir de la matière organique ingérée par un herbivore.

....
....
....

2. Calculer le pourcentage d'énergie chimique non assimilée par un herbivore ingérant $3,0 \times 10^7$ kJ et stockant $2,4 \times 10^5$ kJ dans sa matière organique.

....
....

42 Bilan thermique du corps humain SVT

Production d'énergie thermique par le métabolisme
→ Fiche 11

La dégradation de certains nutriments produit de **l'énergie chimique** mais aussi de **l'énergie thermique**. C'est le cas du glucose lors de la **respiration cellulaire** ou lors des **fermentations**.

→ Fiche 16

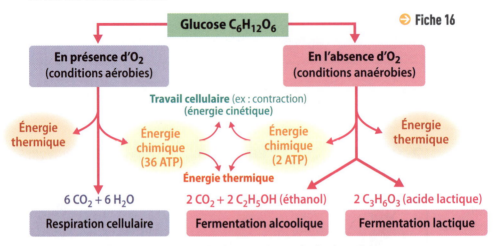

Devenir du glucose absorbé (énergie chimique) selon les cellules

- L'énergie chimique produite est utilisée par le **métabolisme de base (MB)**, dépense minimale pour assurer les fonctions vitales de l'organisme.

- Lors d'une activité physique, la consommation de nutriments augmente et la production d'énergie thermique s'accroît.

→ À votre tour

Calculer et commenter le bilan énergétique de la personne sportive étudiée à partir des données du tableau ci-dessous.

Métabolisme de base (MB)	Apports énergétiques	Dépenses énergétiques
$5{,}402 \times 10^6$ J	8 470 kJ	1,7 MB

Les incontournables de 1re | Le Soleil, notre source d'énergie

Gains et pertes thermiques

Notre organisme échange de l'énergie thermique en permanence avec l'extérieur par différents mécanismes :
- le **rayonnement infrarouge** ;
- l'**évaporation** de l'eau lors de la sudation et de la respiration ;
- la **convection** de l'air ;
- la **conduction** par contact direct.

Ces mécanismes participent à la **régulation de la température corporelle**.

→ À votre tour

Compléter le schéma ci-dessous avec les mots en bleu et calculer la puissance thermique libérée par le corps humain au repos.

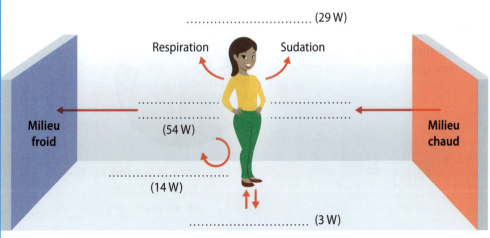

Puissances thermiques moyennes échangées entre le corps humain et le milieu extérieur

Maintien de la température corporelle

- L'énergie thermique produite et échangée par un individu avec le milieu extérieur participe au maintien de sa température corporelle.
- Si les gains et les pertes thermiques sont équivalents, le **bilan thermique** (différence entre gains et pertes) est **équilibré** : la température corporelle est maintenue à 37 °C environ.

77

43 Mesures de la circonférence de la Terre [PC]

La méthode d'Ératosthène

Au IIIe siècle avant J.-C., l'astronome et philosophe grec **Ératosthène** détermine la circonférence $\mathscr{C}$ et le rayon R_T de la Terre grâce à un **raisonnement géométrique**.

→ Fiche 6

1. Ératosthène mesure la longueur de l'ombre portée d'un gnomon à Alexandrie. Il en déduit la valeur de l'angle $\beta = 7{,}2°$ par trigonométrie.

2. Les angles α et β étant alternes-internes, $\alpha = \beta = 7{,}2°$.

3. Connaissant la distance D qui sépare Alexandrie de Syène, il détermine la circonférence $\mathscr{C}$ de la Terre en utilisant la proportionnalité.

→ Fiche 1

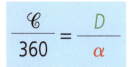

$$\frac{\mathscr{C}}{360} = \frac{D}{\alpha}$$

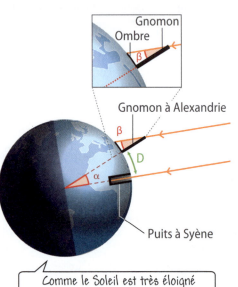

Comme le Soleil est très éloigné de la Terre, Ératosthène considère que ses rayons sont parallèles.

→ À votre tour

Sachant que D mesure environ 790 km, calculer la circonférence $\mathscr{C}$ de la Terre. En déduire le rayon terrestre R_T.

→ Fiches 7 et 8

....
....
....

La mesure par triangulation

- La mesure par **triangulation plane** est une méthode géométrique basée sur la loi des sinus dans un triangle quelconque.

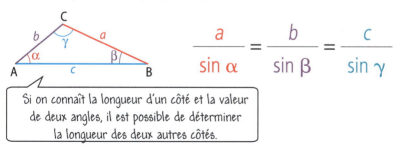

$$\frac{a}{\sin \alpha} = \frac{b}{\sin \beta} = \frac{c}{\sin \gamma}$$

Si on connaît la longueur d'un côté et la valeur de deux angles, il est possible de déterminer la longueur des deux autres côtés.

- Au XVIIIe siècle, les astronomes et mathématiciens français **Delambre** et **Méchain** calculent la longueur de l'arc de méridien joignant Dunkerque à Barcelone en utilisant cette méthode de proche en proche.

→ **À votre tour**

1. Calculer la distance CA séparant Malvoisine (C) de Lieussaint (A).

Données
$\widehat{CAB} = 75{,}19°$; $\widehat{ABC} = 64{,}47°$; $AB = 11{,}842$ km.

....
....
....
....
....

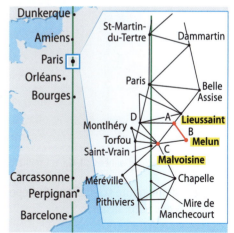

2. Sachant que $D = 1\,074{,}83$ km, déterminer comme l'ont fait Delambre et Méchain la longueur $\mathscr{C}$ du méridien terrestre par proportionnalité.

....
....

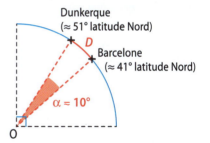

79

44 L'histoire de l'âge de la Terre SVT

Du dogme à la démarche scientifique

● Au XVIIe siècle, l'archevêque irlandais **James Ussher** estime que la Terre s'est formée 4 004 ans avant J.-C. d'après l'étude généalogique de personnages de la Bible. Cet âge est alors un **dogme**, présenté comme une vérité incontestable.

● Au XVIIIe siècle, le comte de **Buffon**, naturaliste français, propose une première **expérience scientifique** pour estimer l'âge de la Terre à partir de l'étude du refroidissement de boulets de canons. Il en déduit qu'elle aurait 75 000 ans.

Les controverses autour de l'âge de la Terre

● Au XIXe siècle, l'âge de la Terre est source de controverses entre **physiciens** et **naturalistes**.

Scientifique	Méthode	Âge proposé
Lord Kelvin	Modélisation et calculs de dissipation thermique	Entre 20 Ma et 100 Ma
Charles Darwin	Observations évolutionnistes	Supérieur à 100 Ma voire 1 Ga
Charles Lyell	Observations et calculs basés sur la vitesse de sédimentation	

1 Ma = 1 million d'années. ; 1 Ga = 1 milliard d'années

● La communauté scientifique de l'époque privilégie l'approche des physiciens à celle des naturalistes.

→ À votre tour

John Phillips, géologue britannique, au XVIIIe siècle, estime que l'érosion de l'Himalaya apporte 0,27 cm/an de sédiments dans le bassin du Gange. Les couches de sédiments se déposant dans ce bassin auraient une épaisseur de 22 km. ➔ **Fiche 5**

➤ Calculer l'âge minimal de la Terre qu'aurait trouvé Phillips avec ces données.

....

....

Le temps du consensus

- La découverte de la radioactivité permet au géochimiste américain Clair Patterson d'envisager en 1950 une **datation absolue** de l'âge de la Terre grâce à la mesure de rapports isotopiques de certains éléments chimiques présents dans les roches.

- Les **rapports isotopiques** mesurés dans plusieurs échantillons permettent de construire une **droite isochrone**. Le **coefficient directeur** de la droite permet de **déterminer l'âge de la roche**.

Scientifique	Méthode	Âge proposé
Clair Patterson	Comparaison des rapports isotopiques du plomb dans des météorites formées en même temps que la Terre	4,5 Ga

- Aujourd'hui, on estime que **l'âge absolu** de la Terre serait **4,57 Ga**. Cette valeur fait **consensus**.

→ À votre tour

Déterminer l'âge de la météorite dont la droite isochrone a été tracée ci-dessous.

➔ **Fiche 3**

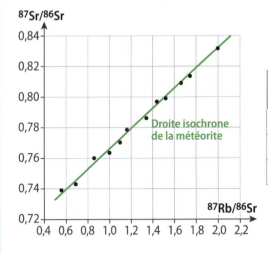

Coefficient directeur	Âge (en Ga)
0,0060	0,421
0,0151	1,06
0,0664	4,53

....
....
....

45 La Terre dans l'Univers [PC]

Géocentrisme et héliocentrisme

• Dans la Grèce antique, l'astronome grec **Claude Ptolémée** (vers 90-168) pense, comme l'avait fait **Aristote** (384-322 av. J.-C.) que la Terre est immobile au centre de l'Univers. Le Soleil, la Lune et les autres planètes connues à l'époque ont d'après lui des mouvements circulaires uniformes autour de la Terre : **c'est le modèle géocentrique**.

• Au XVIe siècle, l'astronome polonais **Nicolas Copernic** (1473-1543) reprend l'hypothèse déjà évoquée dans la Grèce antique par **Aristarque de Samos** (310-230 av. J.-C.). Il explique que les planètes sont animées de mouvements circulaires uniformes autour du Soleil, considéré comme fixe. C'est le **modèle héliocentrique**, admis aujourd'hui.

• La **preuve scientifique** incontestable que la Terre est en mouvement autour du Soleil est apportée par le physicien allemand **Friedrich Bessel** (1784-1846) lorsqu'il mesure la **parallaxe** de l'étoile 61 du Cygne au XIXe siècle.

Remarque Le passage d'une conception géocentrique à une conception héliocentrique constitue l'une des controverses majeures de l'histoire des sciences.

À votre tour

1. Compléter la frise historique ci-dessous.

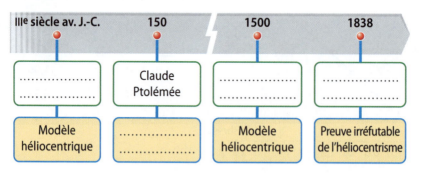

2. Combien de temps le modèle géocentrique resta-t-il en vigueur ?

....
....

Les incontournables de 1ʳᵉ | La Terre, un astre singulier

Mouvements et phases de la Lune

- Observée dans un référentiel géocentrique, la Lune a un **mouvement quasi-circulaire autour de la Terre**. Elle effectue une **révolution** autour de la Terre en **27,3 jours**.

- La Lune effectue un tour sur elle-même (**une rotation**) en **27,3 jours** également. Elle présente donc **toujours la même face à la Terre**.

- Le Soleil éclaire toujours la moitié de la surface de la Lune qui lui fait face.

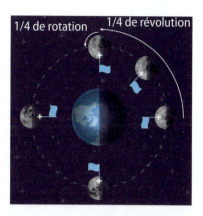

- Observée depuis la Terre, la Lune prend donc différents aspects, appelés **phases**.

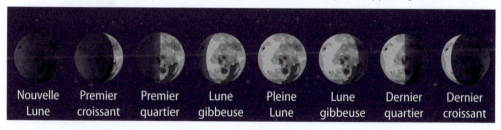

Principales phases de la Lune observées depuis l'hémisphère nord de la Terre

→ À votre tour

Repérer le numéro correspondant à la position de la Lune dans le référentiel géocentrique pour chacune des phases suivantes.

a. Nouvelle Lune : ......   b. Pleine Lune : ......
c. Premier quartier : ......   d. Dernier quartier : ......

83

46 Le son, un phénomène vibratoire PC

Onde sonore

Une onde sonore émise par une source de puissance **P** se propage dans **toutes les directions** et peut être caractérisée, en un point donné, par son intensité sonore **I** ou son niveau sonore **L**.

Intensité sonore I et niveau sonore L

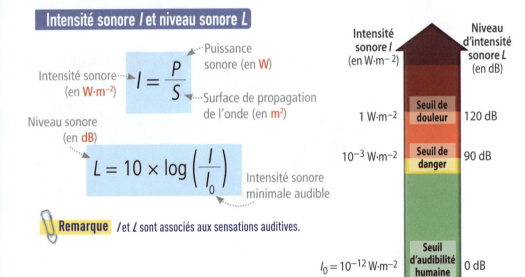

Remarque : *I* et *L* sont associés aux sensations auditives.

À votre tour

La sonnerie d'un smartphone est émise avec une puissance *P* de $3,2 \times 10^{-5}$ W.

▶ Calculer l'intensité sonore *I* et le niveau sonore *L* avec lesquels l'utilisateur perçoit le son à 50 cm du smartphone. Commenter ces valeurs. ➔ **Fiche 7**

Son pur et son composé

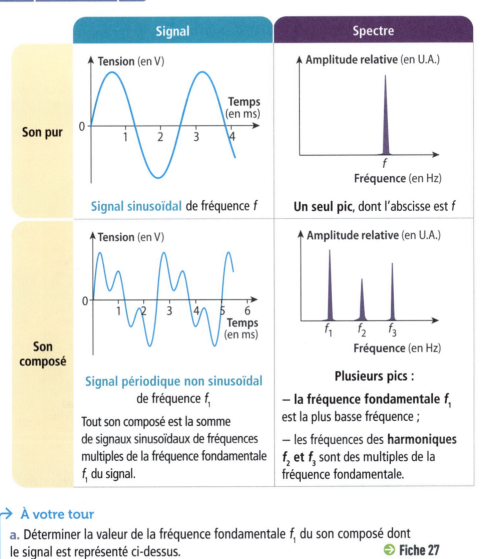

À votre tour

a. Déterminer la valeur de la fréquence fondamentale f_1 du son composé dont le signal est représenté ci-dessus. ➔ **Fiche 27**

....

....

b. En déduire la valeur des fréquences des harmoniques présents sur le spectre.

....

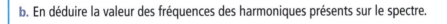

85

47 La musique : l'art de faire entendre les nombres [PC]

Intervalle et gamme

- Une **gamme** est une **suite finie de notes** réparties sur une **octave**.

- **L'intervalle** entre deux notes est défini par le **rapport** de leurs **fréquences fondamentales**.

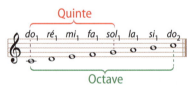

Intervalle	Octave	Quinte
Rapport de fréquences	$\frac{2}{1}$	$\frac{3}{2}$
Exemple sur la gamme	do_1-do_2	do_1-sol_1
Fréquences	$f_{do_2} = 2 \times f_{do_1}$	$f_{sol_1} = \frac{3}{2} \times f_{do_1}$

 Remarque Octave et quinte sont des intervalles consonnants (agréables à l'oreille).

Gamme de Pythagore

- La gamme de Pythagore se construit en avançant de quinte en quinte dans l'octave. Les intervalles entre les notes sont des rapports simples de nombres entiers.

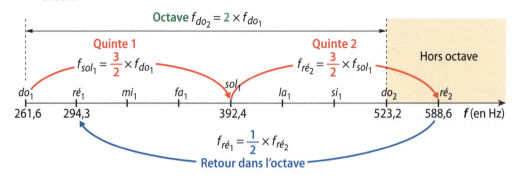

$f_{sol_1} = \frac{3}{2} \times f_{do_1}$ et $f_{ré_1} = \frac{3}{2} \times \frac{3}{2} \times \frac{1}{2} \times f_{do_1} = \frac{3^2}{2^3} \times f_{do_1}$

- Le cycle des quintes est infini : il ne boucle jamais sur l'octave réelle ($\frac{2}{1}$ n'est pas un multiple de $\frac{3}{2}$).

Les incontournables de 1re | Son et musique, porteurs d'information

→ À votre tour

La note la_1 de la gamme de Pythagore s'obtient au bout de la 3e quinte, à partir du do_1. Exprimer f_{la_1} en fonction de f_{do_1} et calculer la valeur de f_{la_1}.

....

Gamme à intervalles égaux ou gamme tempérée

La gamme tempérée se construit en divisant l'octave en **douze** intervalles égaux, les « **demi-tons** » : $t_{1/2}$.

$$\frac{f_{do_2}}{f_{do_1}} = \frac{2}{1} = \frac{f_{do_2}}{f_{si}} \times \frac{f_{si}}{f_{la\#}} \times \frac{f_{la\#}}{f_{la}} \times \frac{f_{la}}{f_{sol\#}} \times \frac{f_{sol\#}}{f_{sol}} \times \frac{f_{sol}}{f_{fa\#}} \times \frac{f_{fa\#}}{f_{fa}} \times \frac{f_{fa}}{f_{mi}} \times \frac{f_{mi}}{f_{ré\#}} \times \frac{f_{ré\#}}{f_{ré}} \times \frac{f_{ré}}{f_{do\#}} \times \frac{f_{do\#}}{f_{do_1}}$$

$$= t_{1/2} \times t_{1/2} \times t_{1/2} \times t_{1/2} \times t_{1/2} \times t_{1/2} \times t_{1/2} \times t_{1/2} \times t_{1/2} \times t_{1/2} \times t_{1/2} \times t_{1/2}$$

$$= (t_{1/2})^{12}$$

$(t_{1/2})^{12} = 2$ donc $t_{1/2} = 2^{\frac{1}{12}} = \sqrt[12]{2}$.

→ À votre tour

Dans la gamme à intervalles égaux, la fréquence du *la*, fixée à 440,0 Hz, sert de référence. Calculer les fréquences du *la*# puis du *sol* dans la gamme tempérée. → **Fiche 5**

....

....

Transpositions dans la gamme tempérée

Transposer un morceau, c'est **augmenter** ou **diminuer d'un même intervalle** toutes les notes de ce morceau.

Les notes transposées coïncident toujours avec des notes existantes.

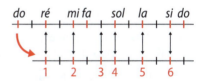

48 Le son, une information à coder [PC]

Numérisation d'un son

- Numériser un son, c'est transformer un signal analogique (continu) en un signal numérique (discontinu).

Étapes et paramètres de numérisation

- **Échantillonnage**

On prélève des échantillons du signal analogique à intervalles de temps égaux.

La fréquence d'échantillonnage f_e fixe la période d'échantillonnage T_e séparant deux échantillons successifs.

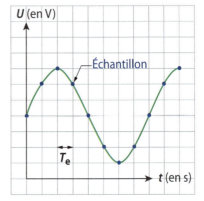

Fréquence d'échantillonnage (en Hz) $f_e = \dfrac{1}{T_e}$ Période d'échantillonnage (en s)

- **Quantification et codage**

Chaque échantillon est codé par la valeur binaire la plus proche.

Le nombre de valeurs binaires dépend de la quantification Q.

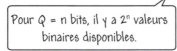

Pour Q = n bits, il y a 2^n valeurs binaires disponibles.

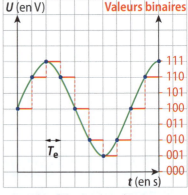

Q = 3 bits (2^3 = 8 valeurs binaires pour coder tous les échantillons)

Plus f_e et Q sont élevés, plus la numérisation est fidèle, plus le signal numérique est proche du signal analogique.

La numérisation respecte alors le **critère de Shannon** : $f_e > 2 \times f_{max}$

où f_{max} est la fréquence maximale contenue dans le signal analogique.

Les incontournables de 1re | Son et musique, porteurs d'information

→ **À votre tour**

Déterminer les paramètres f_e et Q utilisés lors de la numérisation du signal analogique représenté ci-contre.

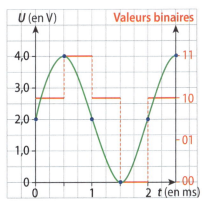

Compression des données

- Pour **faciliter le stockage et la transmission** des données, les fichiers numériques sont **compressés** pour diminuer leur taille.
Le **taux de compression** τ dépend du format recherché (MP3, FLAC, etc.).

- La compression des fichiers sonores est **spécifique** : elle supprime des informations redondantes et celles auxquelles l'oreille est peu sensible.

Format non compressé

Forte compression, pertes nombreuses

- **Les formules à retenir**

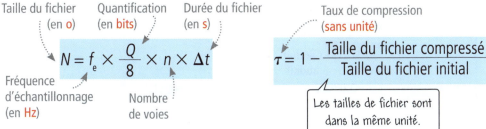

→ **À votre tour**

La chanson *Bohemian Rhapsody* du groupe Queen dure 5 min 55 s.

1. Calculer la taille N du fichier numérisé au format WAV (sans compression) en stéréo (2 voies) avec une fréquence d'échantillonnage f_e = 44,0 kHz et une quantification Q = 32 bits.

2. Que devient la taille de ce fichier lorsqu'il est compressé au format MP3 avec un taux de compression de 85 % ?

89

49 Entendre la musique SVT

Organisation de l'oreille humaine

L'oreille est organisée en trois parties, aux fonctions différentes :

• l'**oreille externe**, où les ondes sonores sont canalisées du pavillon vers le **tympan** ;

• l'**oreille moyenne**, où les vibrations du tympan sont amplifiées et transmises grâce aux **osselets** jusqu'à la fenêtre ovale ;

• l'**oreille interne**, où les vibrations de la fenêtre ovale parviennent à la **cochlée** dont les cellules ciliées génèrent des messages nerveux électriques transmis par le **nerf auditif** au cerveau.

→ **À votre tour**

Compléter le schéma avec les mots en bleu.

Chaîne des.................

Marteau   Étrier
Enclume

Fenêtre ovale

Onde sonore

Conduit ....
Pavillon auditif

OREILLE   **OREILLE**   **OREILLE**
....

Schéma de l'organisation de l'oreille

Fréquences perçues par l'oreille humaine

De sa base à son extrémité, la cochlée est sensible à des vibrations dont la fréquence est comprise entre **20 Hz** (sons graves) et **20 000 Hz** (sons aigus). Avec l'âge, les sons aigus sont moins bien perçus.

Remarque Selon la fréquence du son, la stimulation des cellules cillées se fait à différents endroits de la cochlée. Ainsi, le cerveau peut discriminer la fréquence du son.

Fonctionnement d'une cellule ciliée de la cochlée

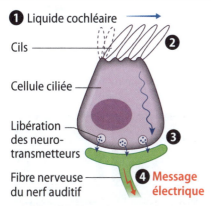

❶ La vibration des osselets se transmet au liquide cochléaire.

❷ La vibration du liquide constitue un stimulus qui induit un déplacement des **cils vibratiles**.

❸ La cellule ciliée excitée stimule alors une fibre nerveuse qui produit un message nerveux électrique.

❹ Ce message est transmis au cerveau via le nerf auditif.

Schéma fonctionnel montrant les étapes de la genèse d'un message nerveux auditif

Des cellules ciliées fragiles

Au delà de **90 dB** (seuil de douleur) et selon la durée d'exposition, un son peut présenter des **dangers** pour l'oreille interne et entraîner des **dommages** (douleurs, acouphènes, voire surdité.) En effet, les sons trop intenses peuvent **détériorer les cils vibratiles**, souvent de manière irréversible. ➔ **Fiche 46**

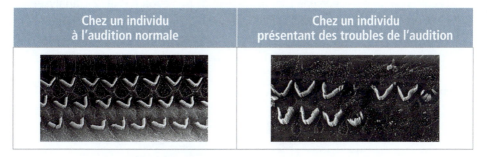

Chez un individu à l'audition normale	Chez un individu présentant des troubles de l'audition

Cils des cellules ciliées de la cochlée vus du-dessus au MEB (× 2 000)

→ À votre tour

Expliquer comment un individu peut souffrir de surdité partielle.

....
....
....

Le cerveau et les aires auditives [SVT]

Vidéo : IRM
hatier-clic.fr/esc092

Identifier les aires auditives

- **L'IRMf (Imagerie par Résonance Magnétique fonctionnelle)** permet d'obtenir des images 3D du cerveau tout en mesurant l'intensité de l'activité électrique des cellules cérébrales.

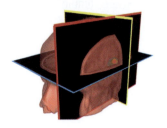
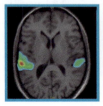

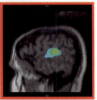

Coupe transversale   **Coupe coronale**   **Coupe sagittale**

Force du signal : Faible — Fort

IRMf d'un patient en train d'écouter une phrase

Cartographie des aires auditives

- Les **aires auditives** sont localisées dans le **lobe temporal** du cerveau.

- Les aires cérébrales coopèrent. Elles permettent de **percevoir** (① et ②), **analyser** (③) et **répondre** (④) aux stimuli auditifs. Elles communiquent avec d'autres aires (**motricité**).

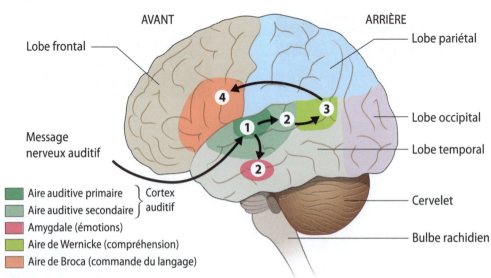

Schéma des aires participant à l'audition

Mes notes

LES INCONTOURNABLES DE 1ʳᵉ

- Que représente la demi-vie d'un noyau radioactif ?
- Après combien de demi-vies le nombre de noyaux radioactifs restants dans un échantillon est-il égal à 1/8 du nombre de noyaux présents initialement ?

→ Fiche 35

- Citer deux types de structure de solide cristallin.

→ Fiche 36

- Comment distinguer une structure cristalline d'une structure amorphe à l'échelle moléculaire ?
- Qu'indique la présence de verre dans une roche magmatique ?

→ Fiche 37

- Quels sont les trois piliers de la théorie cellulaire ?
- De quoi est composée la membrane plasmique ?

→ Fiche 38

- Quelle relation lie la perte de masse d'une étoile et l'énergie qu'elle rayonne ?
- De quoi dépend la puissance radiative reçue par la Terre ?

→ Fiche 39

- Expliquer en quoi consiste l'effet de serre.

→ Fiche 40

- À l'échelle de la Terre, quel est le pourcentage de l'énergie solaire utilisé pour la photosynthèse ?
- Comment se sont formés les combustibles fossiles ?

→ Fiche 41

- Comment est utilisée l'énergie chimique contenue dans les aliments ?
- Par quels processus le corps humain échange-t-il de l'énergie thermique avec le milieu extérieur ?

→ Fiche 42

Je réponds à chaque question

Je vérifie aussitôt ma réponse dans la fiche indiquée.

Tant que je n'ai pas 100 % de bonnes réponses, je recommence.

▶ Quel scientifique fut le premier à déterminer la circonférence de la Terre au IIIe siècle avant J.-C. ?

▶ Sur quelle loi mathématique est basée la détermination de la longueur du méridien terrestre par Delambre et Méchain ?

→ Fiche 43

▶ Quel est l'âge absolu de la Terre ?

▶ Comment l'a-t-on déterminé ?

→ Fiche 44

▶ Décrire le modèle héliocentrique.

▶ Décrire le mouvement de la Lune dans le référentiel géocentrique.

→ Fiche 45

▶ Par quelle grandeur caractérise-t-on couramment un son ?

▶ Comment le spectre d'un son permet-il de distinguer un son pur d'un son composé ?

→ Fiche 46

▶ Quelle est la valeur du rapport des fréquences de deux notes séparées par une octave ? par une quinte ?

→ Fiche 47

▶ Nommer les trois étapes successives de la numérisation.

→ Fiche 48

▶ Quel est le rôle du tympan ?

▶ Décrire le fonctionnement des cellules ciliées de la cochlée.

→ Fiche 49

▶ Quelle méthode permet d'identifier les parties actives du cerveau ?

▶ Quelles parties du cerveau sont actives lors de l'écoute d'un son ?

→ Fiche 50

51 L'atmosphère terrestre et la vie [SVT]

De nombreux événements ont modifié la composition de l'atmosphère terrestre.

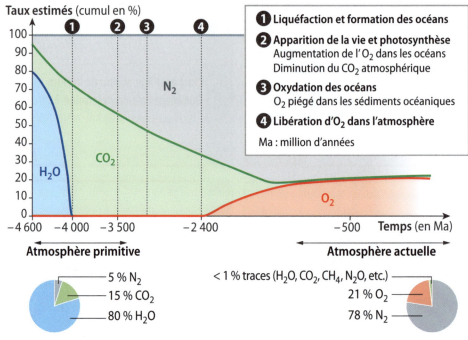

❶ Liquéfaction et formation des océans
❷ Apparition de la vie et photosynthèse
Augmentation de l'O_2 dans les océans
Diminution du CO_2 atmosphérique
❸ Oxydation des océans
O_2 piégé dans les sédiments océaniques
❹ Libération d'O_2 dans l'atmosphère
Ma : million d'années

Graphiques montrant l'évolution de la composition de l'atmosphère depuis 4,6 milliards d'années

La formation des océans par liquéfaction de la vapeur d'eau

- Actuellement, la pression atmosphérique est telle que les **trois états physiques de l'eau** coexistent.

- Vers −4,4 milliards d'années (Ga), la diminution de température a permis la **liquéfaction de l'eau** et la **formation des océans**.

- Par la suite, la présence d'eau liquide a permis le **développement de la vie**, avec l'apparition de cyanobactéries photosynthétiques (**stromatolithes**) vers −3,5 Ga.

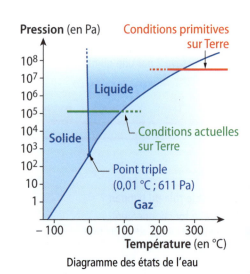

Diagramme des états de l'eau

Les incontournables de T[te] | Science, climat et société

Le cycle du carbone et son importance sur Terre

- De −4 à −2 Ga, le taux de CO_2 atmosphérique diminue, de 60 % à moins de 1 % à cause de trois phénomènes : la **photosynthèse**, la **précipitation des calcaires**, la **formation de combustibles fossiles** (pétrole, charbon, gaz).

- Actuellement, le cycle du carbone est déséquilibré par **les actions humaines**.

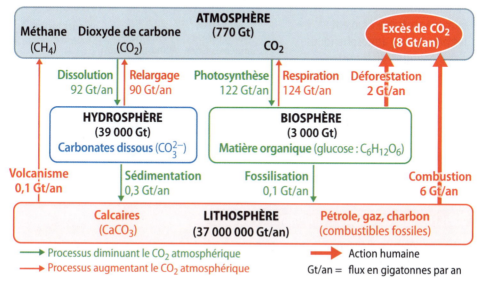

Schéma du cycle biogéochimique du carbone → **Fiche 29**

→ À votre tour

Déterminer si les flux de CO_2 entrants et sortants de l'atmosphère sont équilibrés. Commenter le résultat.

....

....

La formation de l'ozone, un gaz protecteur

- Sous l'action des UV, l'O_2 se transforme en **ozone** (O_3) dans la **stratosphère**, à 30 km d'altitude.

- La **couche d'ozone** protège les êtres vivants des UV qui ont un **effet mutagène** sur l'ADN.

Spectres d'absorption de l'ozone et de l'ADN

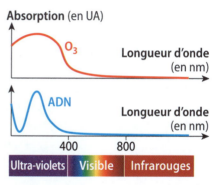

52 La complexité du système climatique SVT PC

Climatologie et météorologie

La **climatologie** et la **météorologie** étudient les paramètres atmosphériques à des **échelles différentes** et avec des **objectifs différents**.

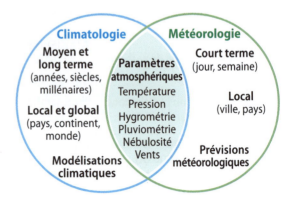

Diagramme comparant climatologie et météorologie

Mesures des variations climatiques et causes

- La température moyenne de la Terre a suivi des **variations naturelles** à différentes échelles de temps.

- Depuis 1880, on constate une **élévation de cette température de l'ordre de 1 à 1,2 °C**. Ce réchauffement s'explique par une augmentation des teneurs en **gaz à effet de serre** (GES) tels le CO_2, le CH_4 (méthane), etc.

- Une telle augmentation du taux de CO_2 n'a pas été observée depuis plus d'un million d'années.

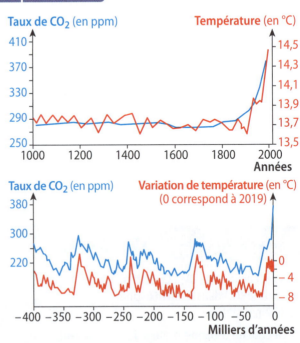

Graphiques des températures moyennes et taux de CO_2 à différentes échelles de temps (ppm : partie par million)

Les effets amplificateurs du réchauffement

→ Fiche 40

Le réchauffement est accéléré par des **effets amplificateurs**.

• L'augmentation de la température favorise le **dégazage** du CO_2 par les océans.

• La **fonte du permafrost**, un sol gelé aux pôles, rejette du CH_4.

• La diminution de la surface des glaces diminue **l'albédo**.

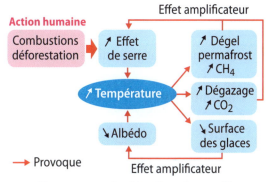

Diagramme montrant les rétroactions positives au cours du réchauffement

Réchauffement et océans

Le **réchauffement** induit une élévation du niveau des océans par deux phénomènes :

• la **dilatation thermique** qui correspond à une augmentation de volume avec la température ;

• la **fonte des glaces continentales** qui augmente la quantité d'eau dans l'océan.

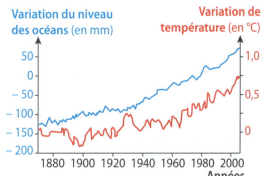

Graphique des variations du niveau des océans et de température depuis 1880

→ À votre tour

Calculer la part de la dilatation thermique dans l'élévation du niveau des océans entre 1880 et 2000. Commenter ce résultat.

La dilatation des océans peut se calculer avec la formule : $\Delta_e = e_0 \times \alpha \times \Delta T$
• Épaisseur e_0 d'océan réchauffé : 1 000 mètres   • $\Delta T = 0{,}7$ °C entre 1880 et 2000
• Coefficient de dilatation thermique de l'eau α : $2{,}6 \times 10^{-4}$ °C^{-1}

53 Le climat du futur [SVT]

La construction des modèles climatiques

Les variations climatiques futures peuvent être estimées par des **modèles**.

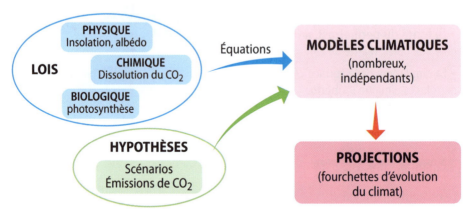

Organigramme montrant le principe des modèles climatiques

L'évaluation des modèles climatiques

- La validité des modèles est évaluée par comparaison aux **données actuelles** (mesures *in situ* et satellites) et aux données des **climats anciens**.

- Les **projections climatiques** permettent de prévoir les **changements à venir** sur les prochaines décennies.

 Remarque

Limiter le réchauffement à 1,5 °C d'ici 2100 est un objectif fixé par la COP21.

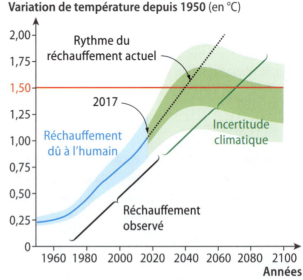

Projection de l'évolution climatique (*GIEC 2019, p. 82*)

Les incontournables de T[ᵉ] | Science, climat et société

La part de l'humain dans le réchauffement climatique

Les modèles climatiques montrent que le réchauffement actuel est lié aux **rejets de GES dus à l'activité humaine** :

- le CO_2 produit par les combustions, la déforestation et par la production de ciment ;

- le CH_4 produit par des fuites lors de l'extraction de gaz naturel, la fermentation dans les décharges et certaines activités agricoles.

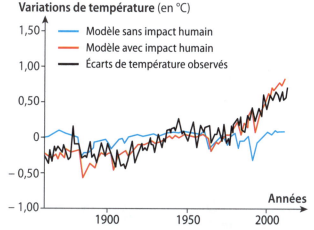

Graphique comparant les prévisions des modèles et la réalité (écarts de température par rapport à la température moyenne sur la période 1961-1990), *d'après le rapport du GIEC 2013*

Les climats possibles pour le futur

Tous les modèles s'accordent à prévoir :

- une **augmentation de 1,5 à 5 °C** de la température moyenne d'ici 2100 ;

- une **élévation d'un mètre** du niveau moyen des océans d'ici 2100 ;

- une accentuation des **événements climatiques extrêmes** ;

- une **acidification des océans** par dissolution du CO_2 ;

- un **impact majeur sur les écosystèmes** terrestres et marins.

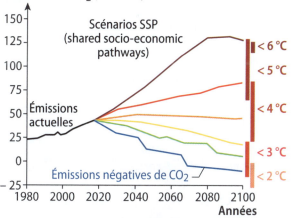

Scénarios d'émission de CO_2 et températures envisagées (*sources : Riahi et al. 2016 ; Rogelj et al. 2018 ; IIASA SSP Database; IAMC; Global Carbon Budget 2019*)

54 Énergie, choix de développement et futur climatique

L'énergie à l'échelle mondiale

La consommation mondiale d'énergie, toutes ressources et formes confondues, est liée au modèle de développement des sociétés (production industrielle, consommation) et a **doublé depuis 40 ans**.

Elle reste **très inégale** selon les pays.

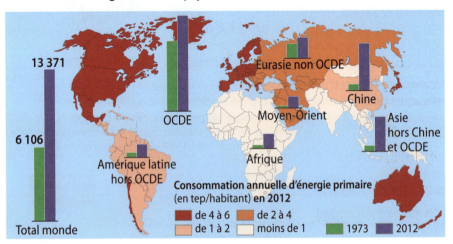

Énergie mondiale consommée (en Mtep) selon les pays en 1973 et 2012

Remarque Lorsque les quantités d'énergie sont très importantes, on les exprime en tonnes équivalent pétrole (tep). ➔ Fiche 17

Trois ressources énergétiques sont majoritairement utilisées dans trois principaux secteurs d'activités.

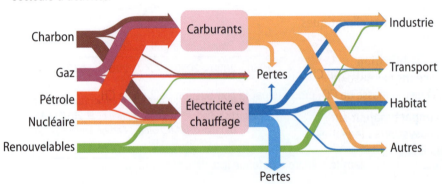

Utilisation des ressources énergétiques à l'échelle mondiale (en 2010)

Le pouvoir calorifique des combustibles

Tous les combustibles ne sont pas équivalents. Ils peuvent être classés en fonction de leur **pouvoir calorifique** (ou **énergie massique**), c'est-à-dire l'énergie thermique libérée lors de la combustion de 1 kg de ce combustible.

Combustible	Pouvoir calorifique (en kWh·kg^{-1})
Méthane	≈ 14
Propane	≈ 13
Fioul domestique	≈ 12
Charbon	≈ 9
Bois	≈ 5

Une consommation qui n'est pas sans conséquence

- La combustion des ressources fossiles et de la biomasse libère des gaz à effet de serre (GES) responsables du réchauffement climatique. → Fiche 40

- Pour mesurer l'impact d'une personne ou d'une activité sur le réchauffement climatique, on calcule la **masse de CO_2** produite directement ou indirectement par sa consommation d'énergie et/ou de matières premières, c'est-à-dire son **empreinte carbone**.

- Pour prévoir l'évolution des émissions de GES et ses conséquences sur les écosystèmes, il existe des **scénarios de transition écologique**. Ils sont utilisés pour **prendre des décisions** en fonction des **risques** prévus.

    → Fiches 51, 52 et 53

- Les activités humaines sont aussi responsables du rejet de **polluants atmosphériques** qui impactent la qualité de l'air et nuisent à la santé.

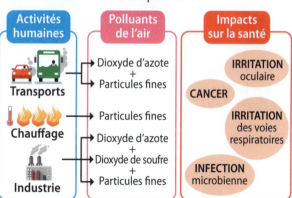

→ À votre tour

La combustion de 16 g de CH_4 produit 18 g de CO_2.

a. Calculer la masse de CO_2 produite par la combustion de 2 kg de CH_4.

....

....

b. Déterminer la quantité d'énergie obtenue lors de cette combustion.

....

55 Deux siècles d'énergie électrique 🆁🅲

L'alternateur

- Un **alternateur** est composé d'un **aimant mobile** et d'une **bobine de fil de cuivre** fixe.
- Le **mouvement** de l'**aimant** à proximité de la bobine crée une **tension** alternative aux bornes de la bobine par **induction électromagnétique**.
- Un alternateur **convertit l'énergie mécanique** en **énergie électrique (utile)**. Une partie de l'énergie mécanique est aussi convertie en énergie thermique (inutile).

Son rendement est proche de 1 (soit 100 %) :

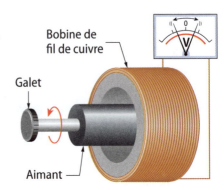

$$r = \frac{\text{Énergie utile}}{\text{Énergie reçue}} = \frac{E_{\text{électrique}}}{E_{\text{mécanique}}} \approx 1$$

→ À votre tour

Tracer le diagramme énergétique de l'aternateur.

→ Fiche 17
→ Fiche 31

Le capteur photovoltaïque

Un capteur photovoltaïque **convertit l'énergie radiative en énergies électrique** (utile) et **thermique** (inutile).

Remarque Le rendement d'un capteur photovoltaïque est d'environ 15 %.

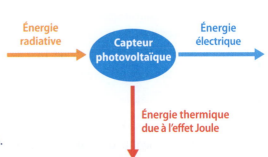

Les incontournables de T[le] | Le futur des énergies

- **Choix du matériau pour fabriquer un capteur photovoltaïque**

Plus le spectre d'absorption d'un **matériau semi-conducteur** recouvre une grande partie du spectre solaire, plus il est adapté à la fabrication d'un capteur photovoltaïque.

Remarque Le silicium est le semi-conducteur le plus utilisé.

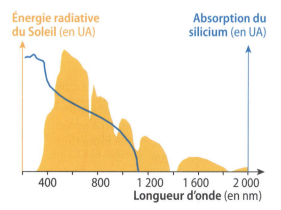

- **Déterminer la résistance optimale du récepteur à utiliser avec un capteur photovoltaïque**

Méthode	Exemple
1. Réaliser le montage ci-contre. **Mesurer** l'intensité I du courant délivré par le capteur photovoltaïque éclairé et la tension U entre ses bornes pour différentes valeurs de la résistance R.	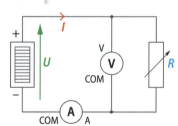
2. Calculer la puissance P délivrée par le capteur photovoltaïque pour chaque couple (I ; U) mesuré.	en W ⋯ $P = U \times I$ ⋯ en V, en A
3. Représenter la puissance P en fonction de la résistance R, puis **repérer** sur l'axe des abscisses la valeur de la résistance optimale R_{opt} pour laquelle la puissance est maximale P_{max}.	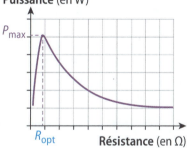

105

56 Obtenir de l'énergie électrique sans combustion [PC]

Les moyens de production

- Dans les centrales éoliennes, hydroélectriques, géothermiques, thermiques nucléaires et solaires, un alternateur convertit de l'énergie mécanique en énergie électrique. → Fiche 55

- Dans une centrale solaire photovoltaïque, des capteurs convertissent l'énergie radiative du Soleil en énergie électrique.

- Dans les piles et accumulateurs, l'énergie chimique est convertie en énergie électrique. → Fiche 17

À votre tour

Complétez la chaine énergétique ci-dessous et exprimer le rendement r de la centrale étudiée ici. → Fiche 31

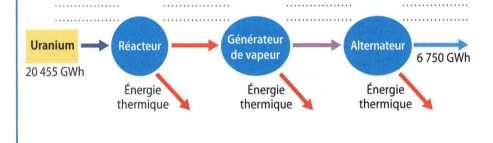

....
....

Le stockage de l'énergie

Pour faire face à l'intermittence de certaines sources d'énergie (vent, Soleil, etc.), **l'énergie électrique doit être convertie sous une autre forme afin d'être stockée.**

Système de stockage	Forme d'énergie stockée	Durée de stockage	Densité énergétique	Durée de vie
STEP : station de transfert d'énergie par pompage	Énergie potentielle de position	+++	+	+++
Batterie	Énergie chimique	++	+++	+
Supercondensateur	Énergie électrostatique	+	++	++

106

Les incontournables de T[le] | Le futur des énergies

Production, risques et impacts sur l'environnement

→ **À votre tour**

Compléter le schéma ci-dessous.

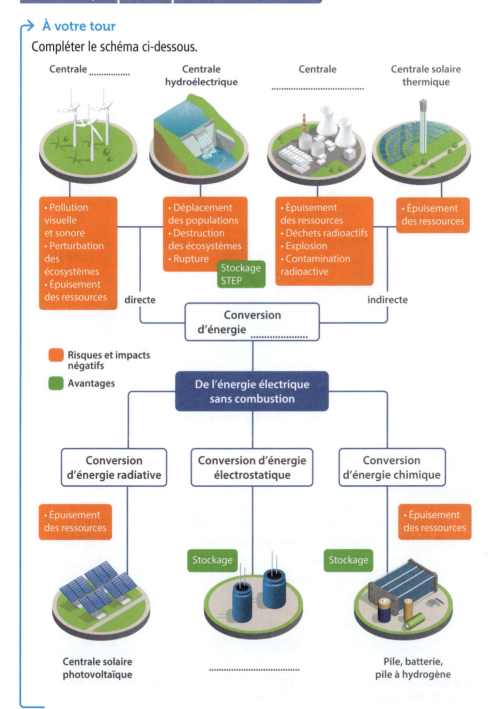

57 Le transport de l'électricité PC Maths

Réseau de transport et de distribution

Le réseau transporte et distribue l'énergie électrique de la centrale à l'usager.

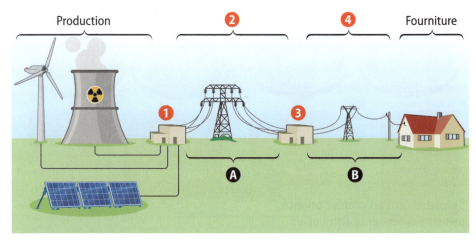

→ **À votre tour**

Légender le schéma ci-dessus.

❶ : Transformateur   ❷ : transport
❸ : Transformateur   ❹ : Distribution
Ⓐ : ligne Haute tension   Ⓑ : ligne Basse tensions

Bilan de puissance

- Comme tout conducteur, un câble électrique possède une résistance. Parcouru par un courant électrique, le câble s'échauffe et une partie de la puissance électrique transportée est perdue par effet Joule.

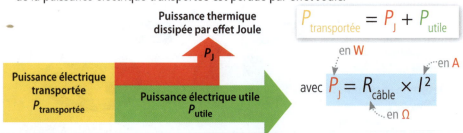

$$P_{transportée} = P_J + P_{utile}$$

avec $P_J = R_{câble} \times I^2$

(en W, en Ω, en A)

- À puissance transportée égale, **augmenter la tension** d'alimentation du câble permet de **diminuer les pertes** par effet Joule.

108

Les incontournables de T^le | Le futur des énergies

Modélisation expérimentale d'une ligne à haute tension

Une ligne à haute tension peut être modélisée par un montage expérimental.

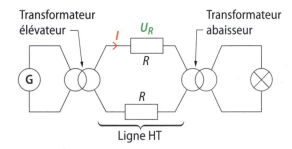

À votre tour

Montrer que la puissance totale dissipée par effet Joule sur la ligne HT est $P_J = R_{totale} \times I^2$ avec $R_{totale} = 2 \times R$.

Optimisation

L'exploitation d'un **graphe orienté** permet d'optimiser la distribution de l'énergie électrique.

Sur chaque arc, $I_k \leq \sqrt{\dfrac{P_{Jk}}{R_K}}$.

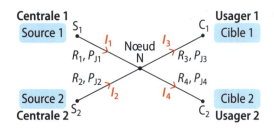

Méthode	Exemple
1. Exprimer les contraintes.	- Lois des nœuds $I_1 + I_2 = I_3 + I_4$. - I_1 et I_2 sont variables (liées aux puissances des centrales). - I_3 et I_4 sont constantes (liées aux puissances des abonnements des usagers).
2. Exprimer la fonction objectif.	$P_{J\,totale} = P_{J1} + P_{J2} + P_{J3} + P_{J4}$ $= R_1 \times I_1^2 + R_2 \times I_2^2 + R_3 \times I_3^2 + R_4 \times I_4^2$
3. Représenter $P_{J\,totale}$ en fonction de I_1 et de I_2. **4. Déterminer graphiquement** les valeurs de I_1 puis de I_2 pour lesquelles $P_{J\,totale}$ est minimum.	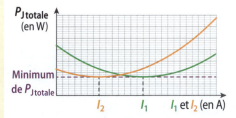

58 — Choix énergétiques et impacts sur les sociétés [SVT] [PC]

- Le **champ magnétique** terrestre, la présence de la **Lune**, les **océans**, l'**atmosphère** et la **biodiversité** permettent et maintiennent les conditions de vie actuelles.

- Les activités humaines liées à la production et à l'utilisation de l'énergie sont responsables de nombreuses perturbations du système Terre, rendant une **transition énergétique nécessaire**.

Augmentation du niveau des océans
Diminution de la calotte glaciaire
Menace sur la biodiversité
Modification de la composition de l'atmosphère
Augmentation de la température à la surface de la Terre

Mots-clés

- **Système Terre** : ensemble constitué de la planète Terre dans son intégralité (continents, atmosphère, océans, biosphère).

- **Ressource énergétique** : source d'énergie disponible sur Terre. Une source peut être renouvelable (rayonnement solaire, eau en mouvement, vent, biomasse, etc.) ou non renouvelable : sources fossiles (pétrole, charbon, gaz naturel) ou uranium.

- **Transition énergétique** : utilisation de nouvelles sources et/ou formes d'énergie.

- **Mix énergétique** : proportions (souvent exprimées en pourcentages) des différentes ressources énergétiques utilisées par un pays pour satisfaire ses besoins en énergie.

→ À votre tour

Calculer la part approximative du nucléaire dans le mix énergétique français représenté par le diagramme circulaire ci-contre.

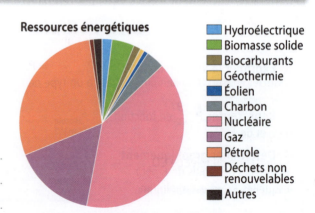

Mix énergétique français en 2017

Analyser les caractéristiques d'une ressource énergétique

Plusieurs critères permettent d'analyser les caractéristiques d'une ressource énergétique.

Sûreté	Sécurité	Disponibilité

Efficacité	Gestion des déchets	Impact carbone
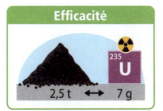		

Choix énergétiques

→ **À votre tour**

Associer chacun des exemples suivant à un type de critère de choix.

- Choc pétrolier de 1973 : ....
- Zone ventée : ....
- Limitation du rejet de CO_2 : ....
- Indépendance énergétique : ....
- Nouveau procédé d'extraction de combustible : ....

59 La mesure de la biodiversité [SVT] [Maths]

Plusieurs méthodes existent pour estimer l'effectif d'une population animale ou la proportion d'un caractère étudié dans une population à partir d'échantillons.

La méthode capture marquage recapture (CMR)

Objectif : estimer l'effectif N d'une population animale supposée constante.

Méthode | Exemple

1. « Capture »

Capturer n_1 individus dans cette population.

2. « Marquage »

Marquer ces n_1 individus puis les relâcher dans la population.

3. « Recapture »

Recapturer ultérieurement n_2 individus dans la population et **compter** le nombre r d'individus marqués.

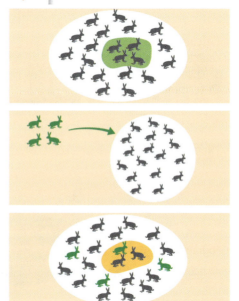

En supposant que la proportion d'individus marqués dans la population est identique à celle dans l'échantillon de recapture, on a : $\dfrac{n_1}{N} = \dfrac{r}{n_2}$

soit, par l'égalité des produits en croix : $N = \dfrac{n_1 \times n_2}{r}$.

➡ **Fiche 1**

→ À votre tour

Sur un territoire donné, 42 lapins de garenne ont été capturés, marqués puis remis en liberté. Une semaine plus tard, 79 lapins ont été recapturés parmi lesquels 2 étaient marqués. Estimer la taille de la population totale de lapins.

Les incontournables de T^{le} | Une histoire du vivant

L'estimation par intervalle de confiance

Objectif : estimer la proportion p des individus possédant un caractère dans une population.

Méthode

1. Prélever un échantillon de n individus et compter le nombre d'individus n_E possédant le caractère étudié.

2. Calculer la fréquence f du caractère dans l'échantillon.

3. Déterminer un intervalle de confiance à un niveau de confiance donné (ici 95 %).

📎 **Remarque** La marge d'erreur ε est définie par $\varepsilon = 1{,}96\sqrt{\dfrac{f(1-f)}{n}}$

4. Conclure.

Exemple

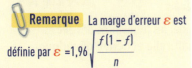

$$f = \dfrac{\text{Nombre d'individus } \bullet}{\text{Nombre d'individus } \bullet \text{ et } \times} = \dfrac{n_E}{n}$$

$$[f - \varepsilon \; ; \; f + \varepsilon]$$

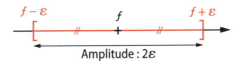

Amplitude : 2ε

La proportion p se situerait entre

$f - \varepsilon$ et $f + \varepsilon$

→ À votre tour.

Pour estimer la proportion de lapins touchés par la myxomatose sur un territoire, 105 lapins ont été prélevés : 12 s'avèrent infectés.

▸ Compléter.

• La taille de l'échantillon étudié est $n =$ ....

• La fréquence de lapins infectés dans l'échantillon est $f = \dfrac{\text{............}}{\text{............}} \approx$ ....

• La marge d'erreur ε pour un niveau de confiance de 95 % est environ égale à ....

• La proportion de lapins infectés sur le territoire se situerait ainsi environ entre .... % et .... %.

60 La biodiversité et son évolution

Le modèle de Hardy-Weinberg à l'équilibre

Lorsque la structure génétique (fréquences des allèles) des populations est **stable d'une génération à l'autre**, le modèle de Hardy-Weinberg est à **l'équilibre**.

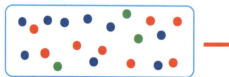

Génération « n » de 300 êtres vivants
108 individus AA
144 individus Aa
48 individus aa

$f(A) = p = \dfrac{2 \times 108 + 144}{2 \times 300} = 0{,}6$

$f(a) = q = \dfrac{144 + 2 \times 48}{2 \times 300} = 0{,}4$

Génération « n + 1 » de 267 êtres vivants
Individus AA = $p^2 \times 267 \approx$ **96** attendus
Individus Aa = $2pq \times 267 \approx$ **128** attendus
Individus aa = $q^2 \times 267 \approx$ **43** attendus

Identifier des écarts au modèle de Hardy-Weinberg   ➔ Fiche 14

Les écarts s'expliquent par des phénomènes qui font varier les fréquences des allèles (**forces évolutives** telles que **mutations**, **sélection naturelle** et **dérive génétique**).

➔ À votre tour

La drépanocytose est une maladie génétique mortelle qui atteint les humains portant deux allèles HbS (HbS//HbS). L'allèle HbA est l'allèle « sain ».

1. Déterminer les fréquences des allèles HbA et HbS en 1970.

Génotype	(HbA//HbA)	(HbA//HbS)	(HbS//HbS)	Total (N)
Nombre d'individus en 1970	370	170	1	541
Nombre d'individus en 2000	430	190	2	622

....

2. Déterminer les nombres d'individus théoriquement attendus en 2000.

....

....

....

3. Expliquer les différences observées.

....

Les activités humaines et leurs conséquences

- Depuis 1980, les populations d'Orang-outans de Bornéo ont diminué de près de 80 % à cause de la **déforestation** nécessaire aux **plantations de palmiers à huile**.

L'habitat est donc **détruit et fragmenté**. Certains individus sont également **braconnés**.

📎 **Remarque** La **déforestation** implique également une forte production de CO_2 (réchauffement climatique).

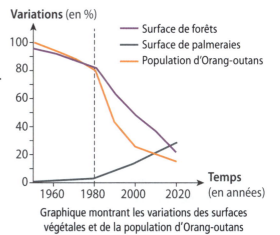

Graphique montrant les variations des surfaces végétales et de la population d'Orang-outans

- Les activités humaines peuvent donc réduire l'abondance des populations et conduire à l'**extinction d'espèces**. ➔ **Fiche 13**

La fragmentation des populations

- La **fragmentation** des populations forme des petits groupes qui subissent une **forte dérive génétique**. Cela provoque des **variations rapides et aléatoires** des fréquences alléliques. ➔ **Fiche 14**

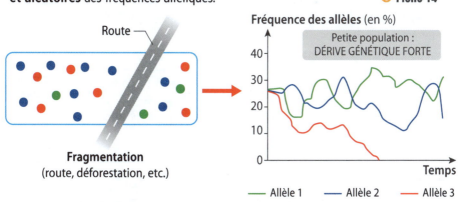

Effet de la fragmentation de l'habitat sur les populations
(tous les allèles n'ont pas été comptabilisés, somme différente de 100 %)

- Connaître les caractéristiques d'un **écosystème** (milieu de vie et espèces) permet de **préserver la biodiversité**. Diverses solutions sont envisageables comme la réalisation de voies de communication, la réintroduction d'espèces ou la protection contre le braconnage.

61 L'évolution comme grille de lecture du monde [SVT]

Les caractères apparaissent au hasard (**mutation**) et sont maintenus par les forces évolutives (**sélection naturelle**). Certains caractères sont des indices d'événements évolutifs plus complexes liés à un **héritage évolutif** ou à des **contraintes de développement**.

L'évolution et nos pratiques sanitaires ou agricoles

Certaines pratiques telles que l'utilisation de produits phytosanitaires (**pesticides**, **herbicides**, etc.) et d'**antibiotiques** mais aussi la **domestication** ou les **monocultures** contribuent à une **sélection naturelle forte** qui a pour conséquence de favoriser certains individus et **réduire la biodiversité**.

→ À votre tour ⊃ Fiche 14

Compléter le schéma à partir du texte précédent et de vos connaissances.

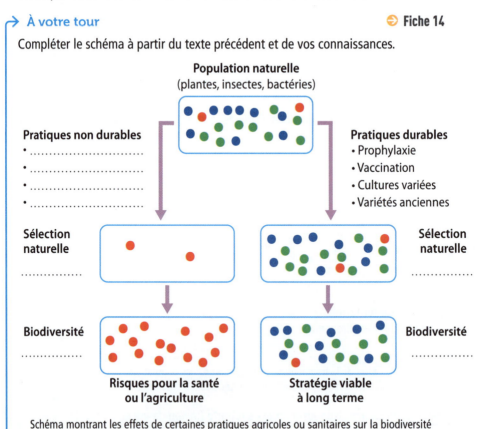

Schéma montrant les effets de certaines pratiques agricoles ou sanitaires sur la biodiversité

Un héritage évolutif : le 6ᵉ doigt du Panda

• Les Pandas possèdent un « faux pouce » correspondant à l'hypertrophie d'un os du poignet. Ce « faux pouce » est utilisé pour enlever les feuilles des pousses de bambou, alimentation principale du Panda.

• Cependant, on a retrouvé ce « faux pouce » chez un fossile carnivore appelé *Simocyon*. Il semble que ce caractère lui permettait une meilleure locomotion dans les arbres.

• Ainsi, le « faux pouce » du Panda est un **héritage évolutif** dont la fonction a varié au cours de l'évolution (locomotion puis nutrition).

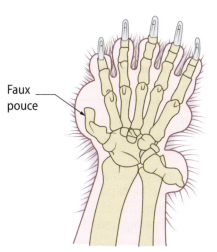

Schéma des os de la main du Panda

Un compromis sélectif : le dilemme obstétrical humain

• Le bassin humain est court, ce qui permet de supporter le poids des organes, et facilite le maintien debout (bipédie) mais cela a tendance à réduire la taille du canal obstétrical.

• Le bassin est également large et évasé avec un canal obstétrical permettant le passage de la tête du bébé. Cela défavorise pourtant la marche bipède. La structure est à l'équilibre : il s'agit d'un **compromis sélectif**.

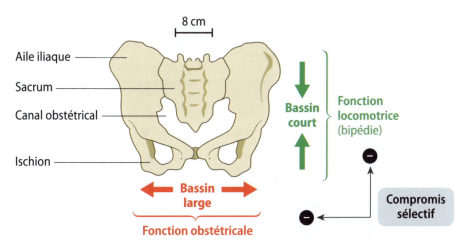

Schéma du compromis sélectif identifié sur le bassin humain

62 L'évolution humaine [SVT]

La place de l'espèce humaine au sein des Primates

→ Fiche 30

La place de l'espèce *Homo sapiens* est déterminée grâce à **un arbre phylogénétique**.

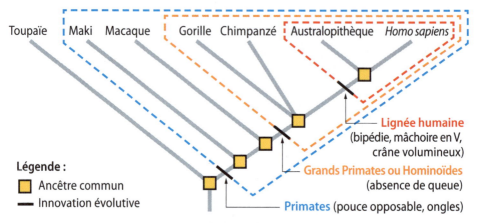

Arbre phylogénétique des Primates

Homo sapiens appartient au groupe des **Primates**, des **Grands Primates** et à la **Lignée humaine**.

Comparer les espèces de Primates

- L'arbre précédent ne permet pas de savoir quelle est l'espèce (Gorille ou Chimpanzé) la plus proche de la lignée humaine. Pour le déterminer, on compare le **pourcentage de différence (ou de ressemblance) des séquences d'ADN ou de protéines** pour différentes espèces.

Référence / Comparée	Homo sapiens	Chimpanzé	Gorille	Macaque
Homo sapiens	0	8,25	10,4	20,5
Chimpanzé		0	10,5	20,2
Gorille			0	20,6
Orang-outan				20,4
Macaque				0

Matrice de distances (différences) des séquences d'ADN mitochondrial (en %)

La matrice de distances précédente permet de construire l'arbre phylogénétique ci-dessous.

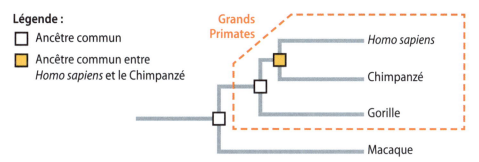

Arbre phylogénétique simplifié des Grands Primates (ADN mitochondrial)

- Le Primate le plus proche de la lignée humaine est le **Chimpanzé** avec qui il partage un **ancêtre commun récent** (d'un âge estimé à –6 millions d'années).

→ À votre tour

En 2012, on a découvert un fossile (*Homo denisova*) dont l'âge est estimé à 50 000 ans. Il aurait donc cohabité avec *Homo sapiens* et *Homo neanderthalensis*.

1. Tracer l'arbre phylogénétique à partir de la matrice de distances ci-dessous.

Comparée \ Référence	Homo sapiens	Homo neanderthalensis	Homo denisova
Homo sapiens	0	1,3	2,4
Homo neanderthalensis		0	2,3
Homo denisova			0

2. Déterminer l'espèce la plus proche d'*Homo sapiens*.

63 Les modèles démographiques [SVT] [Maths]

Certaines **grandeurs** varient par **paliers**, par exemple le **nombre d'individus** d'une population ou la **production mondiale de blé** en fonction des **années**.

Pour effectuer des prévisions, on étudie leurs variations à partir des données existantes et on modélise leurs évolutions à venir à l'aide d'outils mathématiques.

Suite arithmétique et modèle linéaire

- Une **grandeur** u varie de manière linéaire en fonction d'un **palier** entier n si sa **variation absolue** $u(n+1) - u(n)$ **est constante**. Cette constante est notée r et elle est appelée **raison**. — $n \in \mathbb{N}$ (ensemble des entiers naturels).
- Dans le plan muni d'un repère, **les points de coordonnées (n ; $u(n)$)** sont alignés.
- La suite de nombres $u(n)$ est dite arithmétique et donc $u(n) = u(0) + n \times r$

→ **À votre tour**

Compléter.

$u(0) = 2$; $u(1) = 2{,}5$; $u(2) = 3$

$u(3) = \ldots\ldots$; $u(4) = \ldots\ldots$;

$u(5) = \ldots\ldots$

Plus généralement, pour tout entier naturel

$n : u(n) = u(0) + n \times r$

$= \ldots\ldots + \ldots\ldots\, n$.

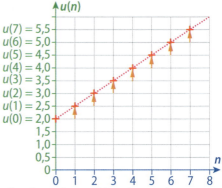

Représentation graphique des premiers termes d'une suite arithmétique

- Si la **variation absolue** est presque constante, **les points** sont presque alignés et on peut procéder à un **ajustement affine (modèle linéaire)**. ➔ **Fiches 23 et 24**

→ **À votre tour**

D'après le modèle linéaire ci-contre, quel serait le nombre d'habitants au Portugal en 2030 ?

……………………………………………

……………………………………………

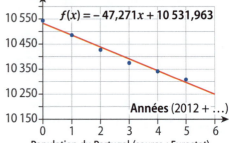

Population du Portugal (source : Eurostat)

Suite géométrique et modèle exponentiel

- Une **grandeur (non nulle)** u varie de manière **exponentielle** en fonction d'un **palier entier** n si sa **variation absolue** $u(n+1) - u(n)$ est proportionnelle à sa valeur courante $u(n)$.
- Sa variation relative, ou **taux de variation**, $t = \dfrac{u(n+1) - u(n)}{u(n)}$ est **constante**.
- La suite de nombres $u(n)$ est dite géométrique et donc $u(n) = u(0) \times q^n$ avec $q = 1 + t$. Le nombre q est appelé raison.

→ **À votre tour**

Compléter.

$u(2) = \rule{2cm}{0.15mm}$ et $u(3) = \rule{2cm}{0.15mm}$

$t = \dfrac{u(3) - u(2)}{u(2)} = \dfrac{\rule{1.5cm}{0.15mm}}{\rule{1.5cm}{0.15mm}} = \rule{1cm}{0.15mm}$

Pour tout entier naturel n :

$u(n) = u(0) \times q^n$ avec $q = 1 + t = \rule{1cm}{0.15mm}$

$\rule{1cm}{0.15mm} = \rule{1.5cm}{0.15mm} \times \rule{1.5cm}{0.15mm}^n$

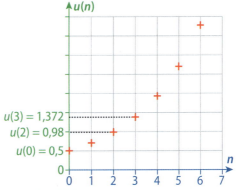

$u(3) = 1{,}372$
$u(2) = 0{,}98$
$u(0) = 0{,}5$

Représentation graphique des premiers termes d'une suite géométrique

- Si la variation relative ou le taux de variation est presque constant, alors on peut ajuster le nuage de **points** représentant l'évolution de la **grandeur** en fonction du **palier** par un modèle exponentiel.

📎 **Remarque** Ce modèle a été utilisé en 1823 par Thomas Malthus (1766-1834), économiste anglais, pour expliquer l'évolution de la population mondiale.

→ **À votre tour**

1. La courbe de tendance tracée en rouge a pour équation :

$y = \rule{5cm}{0.15mm}$

2. D'après ce modèle exponentiel, quelle serait la population en Afrique en 2050 ?

$\rule{8cm}{0.15mm}$

$\rule{8cm}{0.15mm}$

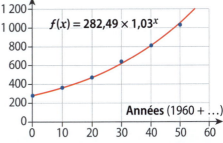

Nombre d'habitants (en millions)

$f(x) = 282{,}49 \times 1{,}03^x$

Années (1960 + ...)

Population du continent africain (source : Ined)

64 L'intelligence artificielle

Les ordinateurs peuvent stocker, échanger et traiter des **programmes** mais ils peuvent aussi manipuler des **données** de nature très diverses : son, vidéo, texte, etc.

Deux types de fichiers

- Les fichiers **exécutables** contiennent des programmes informatiques. Une fois téléchargés et installés, les instructions qu'ils contiennent sont exécutées par le système d'exploitation qui les identifie.

Exemples :

Windows   Mac

fichier.exe   fichier.app

- Les fichiers de **données** stockent des informations. Grâce à leurs extensions, le système d'exploitation détermine les programmes capables de les interpréter et de les lire.

Exemple : fichier son

→ À votre tour

1. Citer des types d'extension de fichiers de données images et son : ....
2. Citer des programmes capables de lire de telles données.

....

Taille et ordre de grandeur d'un fichier

- Dans un document texte (sans image ou autre média) non compressé, **un caractère** est représenté par un nombre compris entre 0 et 255 (code ASCII étendu) et il est stocké sur **un seul octet**.

→ À votre tour

Un fichier texte codé en ASCII et non compressé contient 7930 caractères.
▸ Quelle est la taille du fichier en ko ?

....

- L'ordre de grandeur de la taille d'un fichier dépend de son contenu : ➔ **Fiche 34**

Type de fichier	Image	Son	Vidéo
Taille (ordre de grandeur)	kilooctet (ko)	mégaoctet (Mo)	gigaoctet (Go)

Les incontournables de Tᵉ | Une histoire du vivant

Inférence bayésienne

• **L'apprentissage machine**, ou apprentissage automatique, une des branches de l'intelligence artificielle, utilise des programmes capables de **s'entraîner** sur des données. En repérant des tendances sur ces données dites d'entraînement, il permet ensuite d'établir des prédictions et de **prendre des décisions** sur des données réelles.

• **L'inférence bayésienne** est une **méthode** mathématique utilisée en apprentissage automatique. Elle permet de calculer des **probabilités** de causes à partir des probabilités de leurs effets.

→ **À votre tour**

Après une phase d'apprentissage sur un nombre conséquent de données, il est constaté que 15 % des courriels sont des courriels indésirables. 96 % des courriels indésirables contiennent le mot M alors que 98 % des courriels légitimes ne le contiennent pas.

1. Compléter le tableau suivant pour 1 000 courriels étudiés.

	Contient le mot M	Ne contient pas le mot M	Total
Courriel indésirable	$\dfrac{96}{100} \times 150 = 144$	....	$\dfrac{15}{100} \times 1000 = 150$
Courriel légitime	....	$\dfrac{98}{100} \times$ ..... $=$	$1000 - 150 =$ ....
Total	$144 +$ ..... $=$	....	1 000

2. Compléter les conclusions suivantes.   ➔ **Fiche 4**

.... courriels contiennent le mot M. Parmi eux, 144 sont des courriels indésirables. Ainsi, si un courriel contient le mot M, alors dans environ .... % des cas, ce courriel est un courriel indésirable.

Par suite, si un courriel contient le mot M, alors dans environ .... % des cas, ce courriel est un courriel légitime.

.... courriels ne contiennent pas le mot M. Parmi eux, ... sont des courriels légitimes. Ainsi, si un courriel ne contient pas le mot M, alors dans environ .... % des cas, ce courriel est légitime.

Par suite, si un courriel ne contient pas le mot M, alors dans environ .... % des cas, ce courriel est un courriel indésirable.

LES INCONTOURNABLES DE T^{LE}

▶ L'eau est-elle toujours liquide à 50 °C ?
▶ Pourquoi le cycle du carbone est-il déséquilibré actuellement ?

→ Fiche 51

▶ Comment ont varié les paramètres climatiques depuis 1880 ?

→ Fiche 52

▶ Quels sont les trois effets amplificateurs du réchauffement climatique ?

→ Fiche 52

▶ Quels sont les éléments pris en considération par un modèle climatique ?
▶ Qu'envisagent les projections climatiques réalisées actuellement ?

→ Fiche 53

▶ Quelles sont, à l'échelle mondiale, les ressources énergétiques les plus utilisées aujourd'hui ?
▶ Qu'est-ce que l'empreinte carbone ?

→ Fiche 54

▶ Quelle conversion d'énergie effectue un alternateur ?
▶ Quelle relation permet de calculer le rendement d'une centrale ?

→ Fiche 55

▶ Donner la relation liant la puissance P délivrée par un capteur photovoltaïque, la tension U entre ses bornes et l'intensité I du courant.

→ Fiche 55

▶ Quelle conversion d'énergie effectue un capteur photovoltaïque ?
▶ Sous quelle(s) forme(s) l'énergie électrique peut-elle être convertie afin d'être stockée ?

→ Fiche 56

Je réponds à chaque question

Je vérifie aussitôt ma réponse dans la fiche indiquée.

Tant que je n'ai pas 100 % de bonnes réponses, je recommence.

▷ Quel phénomène est responsable des pertes d'énergie dans les lignes électriques ?
▷ Comment est-il limité sur le réseau de distribution électrique ?

→ Fiche 57

▷ Pourquoi une transition énergétique est-elle aujourd'hui nécessaire ?
▷ En quoi consiste-t-elle ?

→ Fiche 58

▷ Quelles hypothèses doivent être faites pour estimer un effectif avec la méthode C.M.R. ?
▷ Quelle relation lie N (taille de la population à estimer) à n_1, n_2 (nombres d'individus capturés et recapturés) et r (nombre d'individus marqués lors de la recapture) ?

→ Fiche 59

▷ Quand peut-on dire qu'une population est à l'équilibre, selon le modèle de Hardy-Weinberg ?
▷ Citer les forces évolutives qui peuvent expliquer qu'une population ne respecte pas le modèle de Hardy-Weinberg.

→ Fiche 60

▷ Comment nos pratiques sanitaires ou agricoles modifient-elles la biodiversité ?

→ Fiche 61

▷ À quels groupes d'êtres vivants appartient l'espèce humaine, *Homo sapiens* ?
▷ Comment identifier des relations de parenté entre des espèces très proches ?

→ Fiche 62

▷ Une grandeur u suit une progression arithmétique de raison r. Exprimer $u(n)$ en fonction de $u(0)$, n et r.
▷ Une grandeur v suit une progression géométrique de raison q. Exprimer $v(n)$ en fonction de $v(0)$, n et q.

→ Fiche 63

▷ Donner l'ordre de grandeur de la taille d'un fichier image, d'un fichier son et d'un fichier vidéo.
▷ Qu'est-ce que l'« inférence bayésienne » ?

→ Fiche 64

Mes notes

Mes notes

Table des illustrations

9	ph ©	Frédéric Hanoteau
25-h	ph ©	Juan-Carlos Muñoz/Biosphoto
25-m	ph ©	dennisvdw/iStock/Getty Images Plus
25-m	ph ©	Percy9058/iStock /Getty Images Plus
25-m	ph ©	pchoui/iStock/Getty Images Plus
25-b	©	www.entomart.be Harmonia_axyridis01
29-hg	ph ©	choness/iStock/Getty Images Plus
29-hm	ph ©	olrat/iStock/Getty Images Plus
29-hd	ph ©	Grassetto/iStock/Getty Images Plus
29-md	ph ©	AnnaBreit/iStock/Getty Images Plus
29-bg	ph ©	81a/Photolibrary/Stockbyte / Getty Images Plus
29-bd	ph ©	denbelitsky - www.agefotostock.com
43-g	ph ©	Alfred Pasieka/Science Photo Library
43-d	ph ©	Hervé Conge/ISM
53	ph ©	Hervé Conge/ISM
66	ph ©	Hervé Conge
67-bg	ph ©	Dirk Wiersma/SPL/ Biosphoto
67-hg	ph ©	Hervé Conge
67-hd	ph ©	Hervé Conge/ISM
67-bd	ph ©	Hervé Conge
68	ph ©	Biophoto Associates/Science Photo Library
91-d	ph ©	Jing Wang (MD,PhD) INSERM U1051 Montpellier
91-g	ph ©	Marc Lenoir / INSERM

Les Éditions Hatier remercient la Société Jeulin qui a aimablement prêté le matériel photographié et plus particulièrement Mme Séverine Chanu pour son aimable collaboration.

Malgré nos efforts, il nous a été impossible de joindre les ayants-droit de certains documents pour solliciter l'autorisation de reproduction, mais nous avons naturellement réservé en notre comptabilité des droits usuels.

Édition: Alexandra Fouilleroux
Création et adaptation maquette: Primo & Primo, Nicolas Piroux, Camille Rouxel
Mise en page: Camille Rouxel
Illustrations: Louise Plantin
Infographies: Corédoc-Laurent Blondel, Olivier Aubert
Iconographie: Hatier Illustration

 Achevé d'imprimer par l'Imprimerie de Champagne à Langres — France
Dépôt légal : 06323-5/02 — Juillet 2020